Verlag
Rheinische Post Verlagsgesellschaft mbH • Zülpicher Straße 10
40196 Düsseldorf • www.rp-online.de

Autoren
Arne Lieb, Thomas Bernhardt

Projektverantwortung
Saber Romdhani (Leitung), Susanne Schindler

Design
Daniela Beckers, Karsten Riegler

Gestaltung
Sonja Bender, Jenny Möllmann, Pre-Press-Services GmbH

Reproduktion/Bildbearbeitung
HP Medien, Mönchengladbach

Druck
Print- und Medienproduktion Hamburg GmbH • Lotsestieg 6
21079 Hamburg

1. Ausgabe 2013

Dieses Buch und alle in ihm enthaltenen Beiträge, Abbildungen, Pläne und Ideen sind urheberrechtlich geschützt. Kein Teil des Buches darf in irgendeiner Form ohne eine schriftliche Genehmigung des Verlags produziert, vervielfältigt oder verbreitet werden.

ISBN 978-3-981625226

Heimat Edition

RHEINISCHE POST

Fotoschätze Düsseldorf

Bewegende Bilder aus der Stadtgeschichte

> *Dieses Buch illustriert die Lebensart der Düsseldorfer.*
> — Michael Bröcker

Liebe Leserinnen und Leser,

ein Schatz will gut behütet sein, er schlummert meist verborgen im Dunkeln und bleibt oft unentdeckt. Nicht so die Düsseldorfer „Fotoschätze", die Sie in Ihrer Hand halten. Für diesen außergewöhnlichen Bildband haben Hunderte Düsseldorfer ihre Lieblingsfotos aus den Kisten und Kammern hervorgeholt – und zeigen sie erstmals der Öffentlichkeit.

Fotografie, das ist Erleben aus erster Hand. Die „Fotoschätze" sind ein Zeugnis erlebter Düsseldorfer Stadtgeschichte. Aus 1.500 eingesandten Fotografien aus den Jahren 1878–1968 haben die RP-Mitarbeiter Arne Lieb und Thomas Bernhardt, Gründer der Geschichtswerkstatt Düsseldorf, die schönsten und spektakulärsten Motive für Sie ausgewählt und erzählen, wie es zu den Aufnahmen gekommen ist.

Herausgekommen ist ein Einblick in neun Jahrzehnte wechselvoller Stadtgeschichte. Die Familie, die sich auch in schweren Zeiten ihr gemütliches Weihnachtsfest nicht nehmen lassen will, illustriert wie die Spaziergänger auf dem vereisten Rhein die sympathische Mischung aus Gelassenheit und Lebensfreude, die die Düsseldorferin und den Düsseldorfer ausmacht.

Seltene Aufnahmen sind dabei, wie etwa Bilder des legendären Wasserflugzeugs Do X, das 1930 die Düsseldorfer in Staunen versetzte. Oder private Bilder aus den Bombennächten des Zweiten Weltkriegs, als ganze Viertel in Flammen standen. Oder die Freude der Düsseldorfer beim Besuch der britischen Königin Elizabeth in der Landeshauptstadt 1965. Ein Schmankerl für jeden Fortuna-Fan: Torwart-Legende Toni Turek darf sich als Fußball-Weltmeister 1954 unter dem Jubel der Autogrammjäger ein neues Fahrzeug im Düsseldorfer Auto-Union-Werk abholen.

Mein persönlicher Favorit: In fünf Kapiteln zeigen Düsseldorfer ihre Lieblingsmotive. Der Rhein darf nicht fehlen, die Kö, der Karneval und der Hofgarten als grünes Herz der Stadt. So ist der Band „Fotoschätze" weit mehr als ein Bilderbuch geworden. Er illustriert die Lebensart der Düsseldorfer.

Viel Vergnügen beim Stöbern und Schwelgen.

Michael Bröcker
Chefredakteur der Rheinischen Post

Liebe Leserinnen und Leser,

als die Rheinische Post die Düsseldorfer nach ihren liebsten „Fotoschätzen" fragte, quoll der Briefkasten der Redaktion schnell über – und wir waren überrascht, welche Vielfalt an Bildern uns erreichte. Die rund 1.500 Fotografien zeigen bedeutende Ereignisse aus neun Jahrzehnten, bieten aber auch besondere, oft überraschende Einblicke ins Leben von ganz normalen Familien. Und sie berichten uns von Ereignissen, Orten und Menschen, die in normalen Geschichtsbüchern selten Platz finden, aber doch ein wichtiger Teil unserer Vergangenheit sind.

Die schönsten, bewegendsten und ungewöhnlichsten Bilder haben wir für das vorliegende Buch ausgewählt. Sie erzählen die Geschichte Düsseldorfs zwischen 1878–1968 auf ungewohnte Weise. Manches große Ereignis kommt nur am Rande vor, andere kleine Momente sind offenbar bis heute vielen Menschen in lebhafter Erinnerung geblieben – wie zum Beispiel Ausflüge in den Hofgarten oder Einkaufsbummel durch die Innenstadt in lange vergangenen Zeiten. In Gesprächen mit Einsendern, Zeitzeugen und spezialisierten Historikern sind wir den Geschichten und der Geschichte hinter den Bildern nachgegangen und konnten manches Rätsel lösen, das uns die Fotos aufgaben.

Wir hoffen, dass Ihnen das Betrachten dieses Buches so viel Spaß macht wie uns das Recherchieren und Schreiben. Unser besonderer Dank gilt den Einsendern, ohne die dieses ungewöhnliche Buch nicht möglich gewesen wäre.

Wir wünschen viel Freude bei der Lektüre.

Arne Lieb
Redaktionsmitglied
der Rheinischen Post

Thomas Bernhardt
Gründer der Geschichtswerkstatt
Düsseldorf

» *Wir waren überrascht, welche Vielfalt an Bildern uns erreichte.* «
Arne Lieb und Thomas Bernhardt

Heimat.Edition

RHEINISCHE POST

Inhalt

1878–1918	*Aufbruch in die Moderne*	*12–33*
1918–1933	*Schwere Arbeit, buntes Vergnügen*	*34–61*
1933–1939	*Brauner Schatten über Düsseldorf*	*62–83*
1939–1945	*Wie der Krieg Düsseldorf erreicht*	*84–95*
1945–1949	*Trümmer und Wiederanfang*	*96–111*
1950–1959	*„Alle sollen besser leben"*	*112–145*
1960–1968	*Die bunten 60er*	*146–161*

Die Lieblingsmotive der Düsseldorfer

Der zugefrorene Rhein	*162–173*
Hofgarten und Ehrenhof	*174–187*
Der Karneval	*188–199*
Der Rhein und seine Brücken	*200–213*
Die Königsallee	*214–221*

1878–1918

1882 wird Düsseldorf mit 100.000 Einwohnern zur Großstadt, fast 20 Jahre später wohnen schon doppelt so viele Menschen in der Stadt. Die privaten Fotos aus dieser Zeit des Aufbruchs zeigen Familienbetriebe, Hausgemeinschaften – und seltene Einblicke ins Zusammenleben.

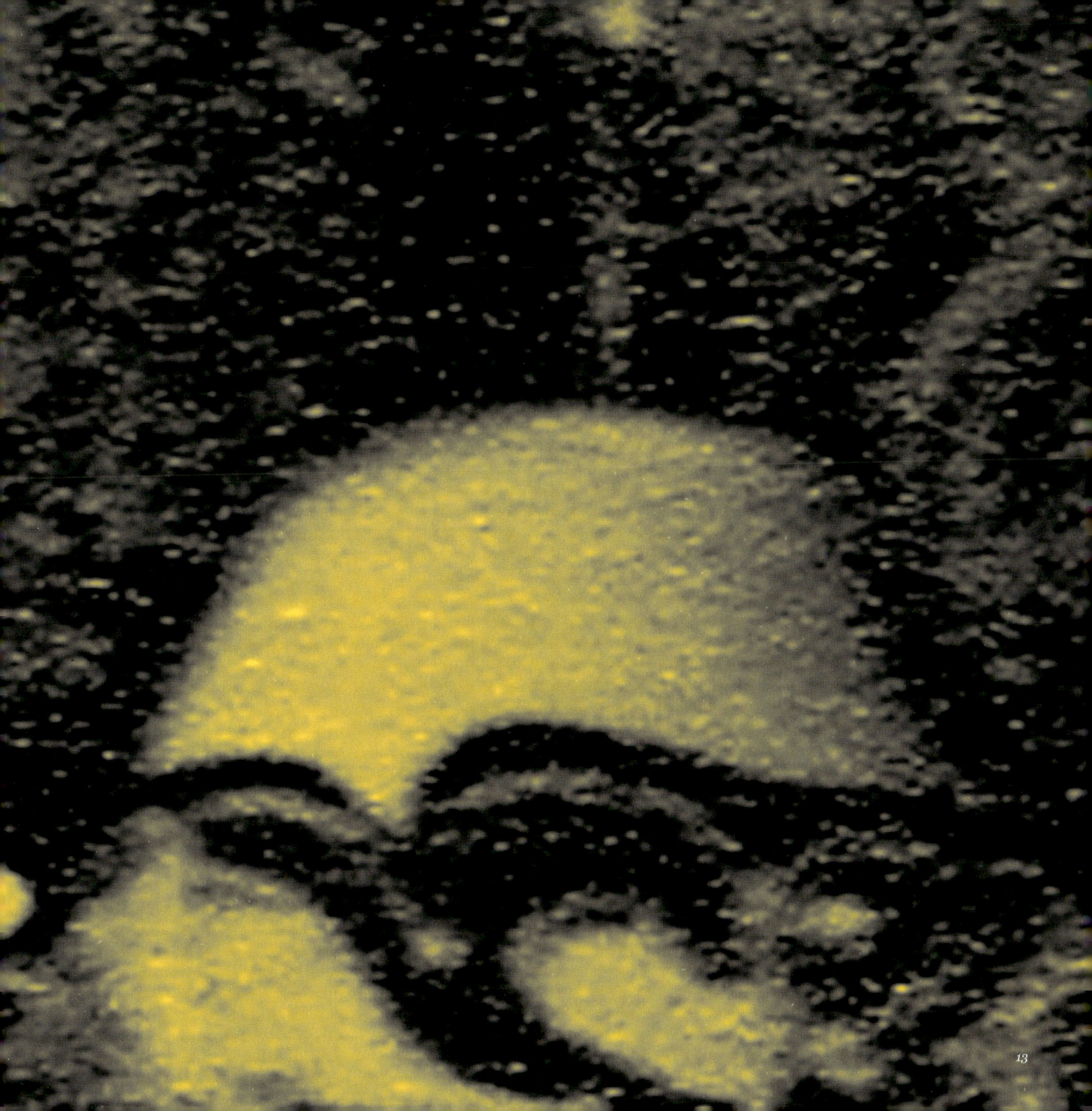

Ein Symbol für den Fortschritt: Der Bau der Oberkasseler Brücke im Jahr 1897

Aufbruch in die Moderne

Nach dem Deutsch-Französischen Krieg 1870/71 entwickelt sich in Düsseldorf ein rasanter wirtschaftlicher Aufschwung. Die Stadt sammelt Attribute wie das der Industriestadt, der Handelsstadt oder der Stadt der Verwaltungen. Firmen, Banken oder Versicherungen werden an den Rhein verlegt, Industrieterrains siedeln sich in den Randgebieten an.

Damit einher entstehen Wohnungen, wodurch die Zahl von Gebäuden erheblich ansteigt. Straßen von und zu den Wohnungen, Arbeitsstätten, Ämtern oder Einkaufsstätten werden nach und nach geschaffen und machen ein preiswertes Nahverkehrsmittel erforderlich: Die Pferdebahn startet 1876 ihre ersten Fahrten. Überregional macht Düsseldorf von sich Reden als Ausstellungsstadt und auch als Gartenstadt. Seit 1838 ist die Stadt ans europaweite Gleisnetz verschiedener Eisenbahnen angeschlossen. Hafenbau (1896) und Düsseldorfer Brücken über den Rhein machen die Stadt als Verkehrsknotenpunkt international attraktiv.

1882 wird Düsseldorf zur Großstadt mit offiziellen 100.000 Einwohnern, fast 20 Jahre später verdoppelt sich schon die Einwohnerzahl. Bis zum Ersten Weltkrieg, nach mehreren Eingemeindungen, hat Düsseldorf fast viermal so viele Menschen in seinem Stadtgebiet, das sich um etwa das Doppelte vergrößert. Das „Gesicht der Stadt" ändert sich völlig.

Der Weg Düsseldorfs in die Moderne wird besonders deutlich mit der Person des damaligen Oberbürgermeisters Wilhelm Marx (1851–1924), der zwölf Jahre lang dieses Amt ausfüllt. Mithilfe zahlreicher Industrieller schafft er es, dass es kaum einen städtischen Lebensbereich gibt, der in diesen Jahren nicht einen bedeutsamen Aufstieg nimmt.

In diese Zeit hinein reichen auch einige der von Rheinische Post-Lesern eingesandten „Fotoschätze" und zeigen Familienbetriebe und Einblicke ins Zusammenleben dieser Menschen, die von einem ungebrochenen Fortschrittsglauben geprägt sind.

Chronik

1872	Düsseldorf ist kreisfreie Stadt	1894	Ostpark
1872	Höhere Bürgerschule	1895–1900	Straßenbahn wird elektrifiziert
1872	Berufsfeuerwehr nach Schlossbrand	1896/97	Oberkasseler Brücke
1874	Gründung Maschinenfabrik Haniel & Lueg	1899	Apollotheater
		1899	Mannesmann-Werke in Rath
1874	Historisches Museum	1896	Gründung der Rheinbahn
1874	Zoologischer Garten	1902	Große Industrie-, Gewerbe- und Kunstausstellung
1875	Stadttheater (heute Opernhaus/ Deutsche Oper am Rhein)	1904	Schauspielhaus Düsseldorf (Dumont-Lindemann) eröffnet
1876	Pferdebahn für den öffentlichen Nahverkehr	1906	Oberlandesgericht
1878	Henkel kommt nach Düsseldorf, Gründung Jagenberg-Werke	1908	Erste Omnibus-Linie
		1908/09	Eingemeindungen
1879	Neubau Kunstakademie	1909	Luftschiffhafen Golzheimer Heide
1880	Industrie- und Gewerbeausstellung (Zoo-Gelände)	1909	Volkshaus Flinger Straße eröffnet
		1910	Warenhaus Tietz (Galeria Kaufhof an der Kö)
1881	Städtische Kunsthalle	1911	Graf Zeppelin besucht Düsseldorf
1881	Johanneskirche	1912	zweite Eisenbahnbrücke in Hamm
1883	Katholikentag	1912	Mannesmannhaus
1883	Erste Fernsprechanschlüsse	1912	Gründung Industrieclub
1884	Düsseldorfer Börse	1914	Britischer Fliegerangriff
1886	Erste Pferderennbahn auf der Lausward	1917	Lebensmittelkrawalle, Plünderungen
1888	Erstes Hallenbad (Grünstraße)	1918	Belgische Truppen linksrheinisch, britische Truppen bei Benrath
1889	Rheinmetall-Werk (Heinrich Erhardt)		
1891	Volksgarten	1918/19	Revolution/Spartakistenunruhen
1891	neuer Personenbahnhof (heutiger HBF)		

Wie sich Hausgemeinschaften fotografieren lassen

Zu Beginn des 20. Jahrhunderts ist es üblich, Fotos als Postkarten zu verschicken. Ein häufiges Motiv bildet dabei das eigene Wohnhaus – und der Besuch des Fotografen ist ein echtes Ereignis, zu dem sich alle Hausbewohner zusammenfinden. So zum Beispiel in einem Haus an der Ellerstraße im Jahr 1910. Alle Nachbarn zeigen sich in ihren Fenstern. Unter ihnen befinden sich Josef und Margarete Zaum. Sie bewohnen mit ihren drei Kindern, darunter die Mutter des Einsenders Hans-Josef Kürten, eine Etagenwohnung im zweiten Stock.

Die Postkarte, die sich heute im Besitz des Einsenders befindet, geht damals an den Bruder der Mutter in Grimlinghausen. Die Familie teilt ihm mit, dass alle glücklich und zufrieden mit der neuen Wohnung sind.

„Wir sind glücklich und zufrieden mit der neuen Wohnung"

In diesem Haus an der Ellerstraße, das im Jahr 1910 fotografiert wurde, wohnten Josef und Margarete Zaum, die Großeltern von Hans-Josef Kürten.
Einsender: Hans-Josef Kürten

In diesem Haus, in dem sich eine Bäckerei befand, wurde die Mutter von Einsenderin Marianne Speckamp groß. Das Bild stammt aus dem Jahr 1919.
Einsenderin: Marianne Speckamp

Auch dieses Bild einer Hausgemeinschaft aus dem Jahr 1911 an der Collenbachstraße in Derendorf wurde als Postkarte verschickt.
Einsenderin: Sylvia Meinhold

Diese Familie an der Wilhelm-Tell-Straße in Unterbilk war wohlhabend: Sie bewohnte allein das ganze Haus.
Einsender: Matthias Goergens

Laden für handgemachte Schuhe

Dieses schöne Bild zeigt das Schuhgeschäft C. Ebert an der Bilker Allee in der Zeit um 1900. Der Schuhmacher bot eine große Auswahl von Modellen für Damen und Herren – handgemacht, wie das Schild im Fenster vermerkt.
Einsender: J. von der Heiden

Bierkutscher und ihr erstes Auto

Bei diesen bärtigen Männern handelte es sich um Bierkutscher, die sich 1912 stolz mit ihrem Automobil fotografieren ließen. Im Zentrum steht der Kutscher Josef Zaum (es handelt sich um den Mann, der mit seiner Familie im Haus an der Ellerstraße wohnte und dort mit der Hausgemeinschaft fotografiert wurde).

Für welche Brauerei Zaum damals im Einsatz war, ist leider nicht überliefert. Einsender Hans-Josef Kürten weiß aber einiges über die Herkunft seines Ahnen zu berichten. Sein Großvater ist in Straberg aufgewachsen, konnte allerdings dort den elterlichen Hof nicht übernehmen, weil er nicht der Erstgeborene war. Also ging er nach Düsseldorf, heiratete und arbeitete als Kutscher. Zwei Jahre nach dem Bild, im Jahr 1914, starb er bei einem Unfall.

Einsender: Hans-Josef Kürten

Drei Schuhmacher feiern im Lokal

Die drei Herren mit den langen, spitzen Bärten in der Mitte sind die Gebrüder Baumann, alle von Beruf Schuhmacher. Von links in geselliger Runde sind das Bernhard, Caspar Anton und Franz Baumann. Der Anlass zum Fototermin im Jahr 1890 und zur kleinen Feier in einem Lokal an der Bahnstraße ist nicht bekannt, aber die Aufnahme spiegelt die Atmosphäre in einer Kneipe des ausgehenden 19. Jahrhunderts wider. Jeder der drei Brüder hat ein eigenes Geschäft. Laut Adressbuch der Stadt von 1889 befindet sich der Schuhmacherladen von Franz Baumann in der Bahnstraße 53. Caspar Anton Baumann, der Urgroßvater des Einsenders, betreibt sein Handwerk in der Eckstraße 5 und Bernhard sorgt in der Kreuzstraße 8 für bestes Schuhwerk.

Einsender: Klaus Baumann

Neues Café in Oberkassel

Im Kriegsjahr 1917 wurde an der Luegallee 17 in Oberkassel gebaut. Dort eröffnete das „Café Krieger" – und präsentierte seinen Kunden prächtige Auslagen.
Einsenderin: Marianne Volke

„Café Krieger", 1917

Ein Lazarett in Grafenberg

Auch in Düsseldorf sind Not und Leid des Ersten Weltkriegs spürbar. Dieses Bild zeigt verwundete deutsche Soldaten, die 1917 in einem Lazarett behandelt werden, das im Ausflugslokal „Jägerhaus" in Grafenberg eingerichtet worden ist. Das Foto macht damals der Maler und Kunstakademie-Lehrer Peter Trauth; er ist der Großvater der Einsenderin. Schon kurz nach Ausbruch des Ersten Weltkriegs entstehen in Düsseldorf Lazarette für verwundete und pflegebedürftige Soldaten. Straßenbahn-Waggons werden für Verwundeten-Transporte umgebaut.

Neben den Krankenhäusern werden Hilfslazarette eingerichtet. Das sind Privateinrichtungen wie das Lazarett im Gräfenberger Lokal oder der Ballsaal im Restaurant „Flora" an der Palmenstraße in Bilk.
Einsenderin: Alice Mannhardt

Feldpostkarten aus China

Ein kurioser „Fotoschatz" wurde uns eingereicht mit einer Sammlung von Düsseldorfer Ansichtskarten, die allesamt „via Sibiria" nach Tientsien in China geschickt und nach Jahren wieder zurück nach Düsseldorf gebracht wurden. Adressat war der Gefreite Fritz Kuske, der von seiner Familie auf diese Weise immer Heimatgrüße bekommen hatte. Die meisten Postkarten waren mit einem Stempel aus dem Jahr 1908 versehen. Gefreiter Kuske hat die Heimatpost gesammelt und bei seiner Rückkehr nach Düsseldorf wieder alle mitgebracht.

Nachfragen beim Stadtarchiv und beim Konfuzius-Institut Düsseldorf ergaben, dass nach dem „Boxer-Aufstand" in China 1900/01 in mehreren Städten ausländische Truppenkontingente stationiert bleiben. Üblicherweise dauerte eine Stationierung in einer „ostasiatischen Besatzungsbrigade" zwei Jahre. Dass Fritz Kuske seine Post aus der Heimat „via Sibiria" bekam, bedeutet, dass der Posttransport mit der Transsibirischen Eisenbahn bzw. der ostchinesischen Eisenbahn betrieben wird. Seit 1903 war diese Verbindung in Betrieb.

Einsenderin: Ute Bruns

Die Familie Carl Ambroch auf der Veranda im Jahr 1916.
Einsender: Matthias Goergens

Unternehmerfamilie aus Unterbilk

Die Familie des Einsenders Matthias Goergens pflegt eine lange Tradition: Seit rund 100 Jahren bewohnt sie ein Haus an der Wilhelm-Tell-Straße in Unterbilk. Der Vorfahr, der es erbaute, war Unternehmer Carl Ambroch, der auf den Bildern aus der Zeit des Ersten Weltkriegs mit seiner Familie zu sehen ist. Er war Teilhaber der Emaillefabrik Hiby an der benachbarten Neusser Straße und ließ dort unter anderem Vasen und Kannen mit dem glasartigen Überzug versehen. Das war ein einträgliches Geschäft, wie die feine Kleidung der Familie zeigt. Das Bild der Gesellschaft am Esstisch lädt zum Ratespiel ein: In welcher Beziehung standen die vielen Menschen zueinander? Welcher Anlass hatte sie zusammengeführt? Vieles lässt sich heute nicht mehr rekonstruieren.

Die Emaillefabrik fiel den schweren Zeiten der Weimarer Republik zum Opfer. 1926 erlebte das Geschäft einen Einbruch. Sohn Karl Ambroch gelang es aber, das Haus zu halten.

*Familienfest im Speiseraum.
Das Bild ist um 1916 aufgenommen.*

Abfahrt in den Ersten Weltkrieg (1914).

Der Hofbürstenfabrikant Kessel

„Stolz wie Kessel", könnte man meinen, wenn man sieht, wie Unternehmer Josef Kessel um das Jahr 1900 mit seinen Mitarbeitern am Eingang des schmalen Hauses Nr. 19 in der Flinger Straße posiert. Sicherlich ist er stolz, vor dem „Bürsten-Fabrikanten" noch ein „Hof" stellen zu können. Denn zur Kundschaft des Geschäfts gehört auch der Fürst Carl Anton, Königliche Hoheit zu Hohenzollern-Sigmaringen. Er wohnt im Schloss Jägerhof nach Abdankung als Landesfürst, ist noch Kommandant der 14. Division in Düsseldorf und zwischen 1858 und 1862 preußischer Ministerpräsident. Der bei den Düsseldorfern beliebte Staatsmann ist seit 1856 als Ehrenbürger der Stadt eingetragen. So steht bei Kessel in Anzeigen aus den Adressbüchern der Stadt aus den Jahren 1878 und 1889 werbewirksam das Wort „Hof" auf dem Firmenschild.

Josef Kessel ist der Urgroßvater der Einsenderin. Man beachte die reichhaltige Verzierung über dem Schaufenster. Ein Foto aus dem Jahr 1910 zeigt die Inneneinrichtung des Esszimmers der Familie Kessel im gleichen Hause. Das Geschäft, das mittlerweile Gottfried Kessel führt, mit den Straßenbahnschienen vorm Haus, stammt aus dem Jahr 1929. Rechts ist das „Volkshaus" (später Möbelhaus Berges, heute „Strauss") zu sehen. In der Mitte wirbt das Carsch-Haus um Kunden, die von der belebten Flinger Straße zur Alleestraße gelockt werden sollen. Die Schaufenstergestaltung von Kessel ist schlichter geworden. Gottfried Kessel führt sein Bürsten-Geschäft bis zum Zweiten Weltkrieg. Die Eltern der Einsenderin verkaufen dann das Haus, das beide Weltkriege überlebt hat, in den 1960er-Jahren.

Einsenderin: Angelica Rattenhuber

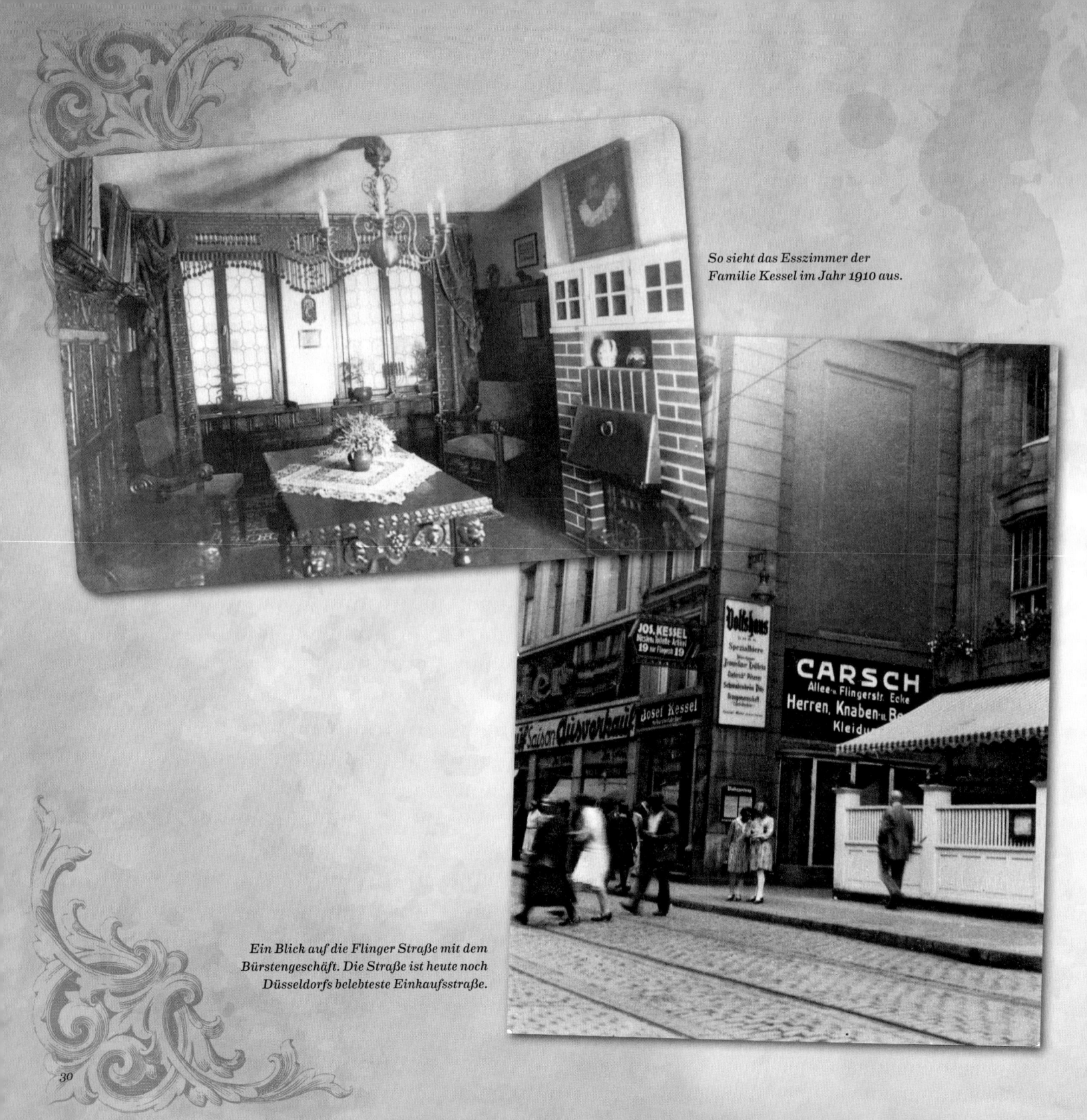

So sieht das Esszimmer der Familie Kessel im Jahr 1910 aus.

Ein Blick auf die Flinger Straße mit dem Bürstengeschäft. Die Straße ist heute noch Düsseldorfs belebteste Einkaufsstraße.

Einsender: Klaus Baumann

Familie Gerken und ihr Linoleum-Geschäft

Karlplatz, heute Carlsplatz, 17: Das Ehepaar Gerken steht 1909 als Geschäftsführer mit einem Verkäufer vor dem Linoleum-Geschäft, das Christian Gerken zwei Jahre später unter seinem Namen am belebten Marktplatz neu eröffnen wird. 1909 ist es noch eine „Fabrikniederlage der Linoleum-Fabrik Maximiliansau", wie es in der Inschrift am Eingang heißt. Das 1860 von einem englischen Chemiker entwickelte Material ist zu dieser Zeit ein vorherrschender Bodenbelag, wird auch für Tapeten verwendet – und verschafft dem Familienbetrieb über mehrere Generationen gute Geschäfte.

Das Bild (Seite 32) mit Christian Gerken, dem Großvater des Einsenders, stammt aus dem Jahr 1913 und zeigt ihn am Eingang des Ladenlokals mit seinem kleinen Sohn und seiner Tochter, der Mutter des Einsenders. Unter seiner Ägide wächst das Geschäft und modernisiert sich. Der erste Lieferwagen von Christian Gerken („Deutsches Linoleum") ist 1929 hochbeladen mit unterschiedlichsten Rollen von Bodenbelägen – ob das heute die Polizei erlauben würde?

Christian Gerken ist Stammgast im Uerige und verbringt viele Stunden dort. Viele gute Geschäfte wurden da angebahnt. Als sein erster Enkel, Heinrich Baumann, geboren wird, gibt es die größte Menge Freibier, die bis dahin jemals im Uerige spendiert wurde – zumindest besagt das die Erinnerung der Familie.

Festlich gekleidet kommt die ganze Familie im Jahr 1909 zusammen. Was es damals zu feiern gab, ist nicht überliefert.

Das Geschäft wird modernisiert: 1926 schafft die Firma ihren ersten Lieferwagen an.

Christian Gerken (Großvater von Einsender Klaus Baumann) mit seiner Tochter, der Mutter des Einsenders, und ihrem Bruder (1913).

Grete und Theo Baumann, 1905

Herausgeputzt für das Familienfoto

Wenn im Jahr 1905 ein Termin beim Fotografen ansteht, will sich jede Familie von der besten Seite zeigen. Das gilt auch für den Nachwuchs. Das Foto zeigt die Geschwister Grete und Theo Baumann, den Vater des Einsenders, die schön herausgeputzt wurden für den Fotografen. Entstanden ist das Bild im „Atelier Samson & Co." auf der Schadowstraße. Theo Baumann, ursprünglich Architekt, übernimmt nach dem Krieg das Linoleum-Geschäft bis in die 1980er-Jahre.

Einsender: Klaus Baumann

1918–1933

An den Folgen des Ersten Weltkriegs hat die Stadt zu knapsen, trotzdem blühen in den Goldenen 20er-Jahren Varieté und Kino auf. Die „Fotoschätze" erzählen vor allem von den schönen Seiten des Lebens.

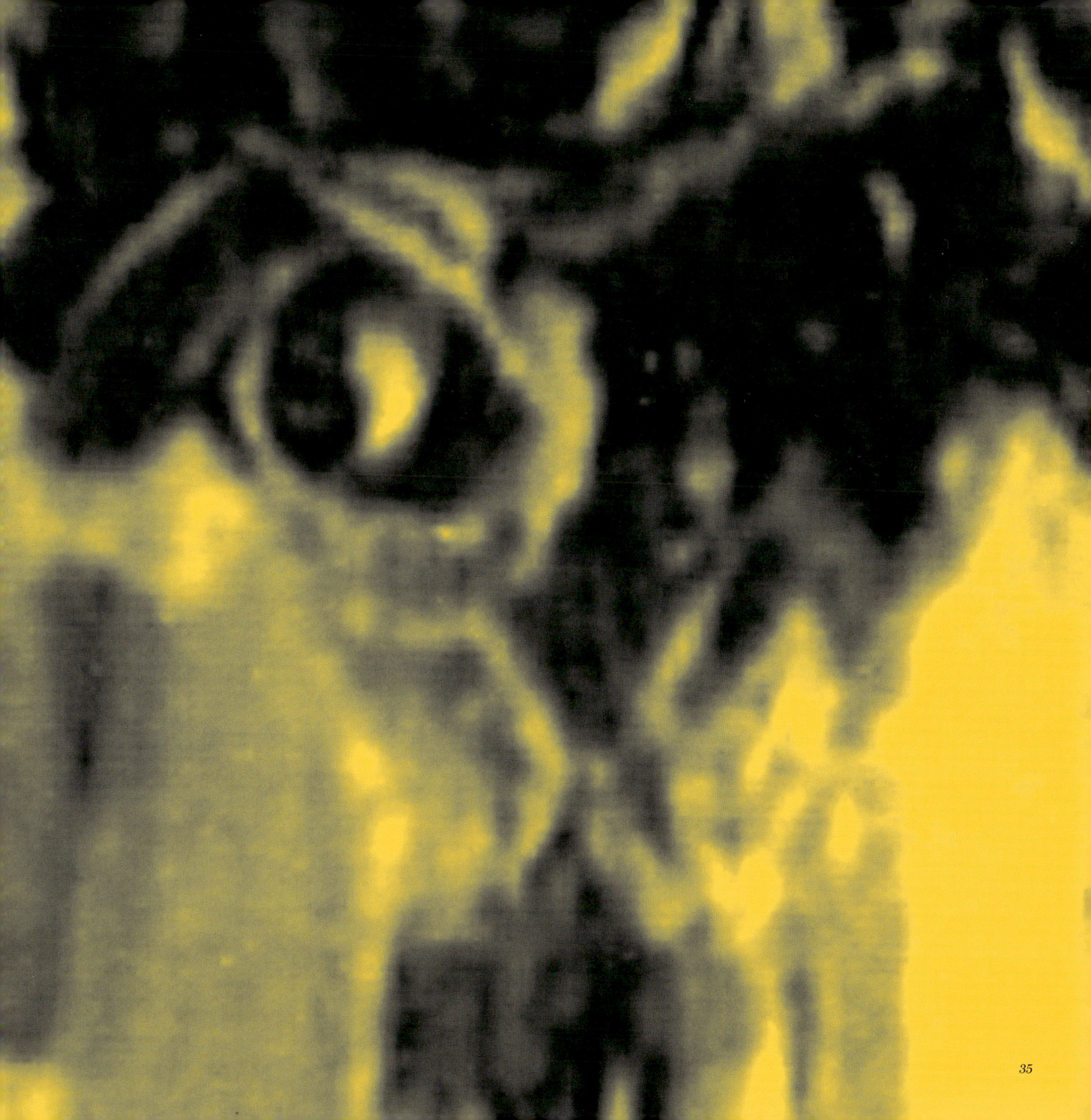

Schwere Arbeit, buntes Vergnügen

Der Erste Weltkrieg, die französische Besatzung und die Inflation machen den hochfliegenden Plänen der Stadtverantwortlichen und der Bevölkerung ein Ende. Nur langsam stabilisieren sich die wirtschaftlichen Verhältnisse in den 1920er-Jahren wieder. Bevor die französischen Besatzungstruppen 1925 die Stadt verlassen, sind schon einige größere Bauprojekte und Ausstellungen in Planung oder im Bau oder werden jetzt schleunigst umgesetzt. Dazu zählen das Wilhelm-Marx-Haus (1922—24) oder die „GeSoLei" (1926), die Ausstellung für „Gesundheitspflege, Soziale Fürsorge und Leibesübungen". Deren Bauten Ehrenhof, Rheinterrasse und Tonhalle (damals Planetarium) gehören heute noch unverwechselbar zum Stadtbild. Mit der Eingemeindung im Jahr 1929 vergrößert sich Düsseldorf an Fläche und Einwohnerzahl. Im Bereich von Benrath, Holthausen und Reisholz entwickelt sich die Industrie prächtig

Die Rheinkirmes Mitte der 1930er-Jahre.

und der Flughafen Düsseldorf beginnt seine Karriere als „Flughafen zweiter Ordnung" im Jahr 1927.

Parallel zu diesen Entwicklungen, und den für viele Bevölkerungskreise schwierigen Arbeits- und Lebensbedingungen, entwickelt sich im „Rhythmus der Moderne" eine gewisse Vergnügungs- und Unterhaltungskultur – die „Goldenen Zwanziger".

Das Filmgeschäft (Kintopp) blüht in Düsseldorf, ebenso wie die Varietés, Jazz- und Tanzlokalitäten oder der Besuch von Sportstätten. Die Düsseldorfer und die immer zahlreicher werdenden Gäste der Stadt nehmen sich viel Zeit, um das reichhaltige und bunte Angebot in Düsseldorf zu genießen und sich ablenken zu lassen. Wie auf vielen Fotos zu sehen ist, gehörten sportliche Aktivitäten, Familienausflüge und natürlich ein intensives Brauchtum zur Freizeitbeschäftigung. Aber auch zur Entspannung von der Arbeit und zur Ablenkung von manchen Alltagsschwierigkeiten in der stetig wachsenden Großstadt Düsseldorf sind die Menschen viel unterwegs und dokumentieren mit Fotos, was ihnen wichtig ist zu zeigen.

Auf den ersten Blick scheint alles wieder in Blüte zu stehen, aber die Weltwirtschaftskrise 1931/32 geht nicht spurlos an der Stadt vorbei. Die Zahl der Erwerbslosen steigt erheblich, auf den Straßen und in der Presse macht sich ein politischer Radikalismus breit – davon erzählen die eingereichten „Fotoschätze" fast gar nichts, sie konzentrieren sich auf die schönen Seiten.

Chronik

1919	Fusion verschiedener Fußballvereine mit dem Turnverein Flingern 1895 zum Düsseldorfer Turn- und Sportverein Fortuna 1895 e. V. – kurz Fortuna Düsseldorf
1920	Stadttheater kommt in städtische Regie
1920	Städtische Straßenbahn wird mit Rheinbahn vereinigt
1920	Gründung der Düsseldorfer Arbeiterwohlfahrt (AWO)
1921	Einrichtung Arbeitsamt
1921	Französische Truppen besetzen auch Düsseldorf
1922–24	Erstes Bürohochhaus (Wilhelm-Marx-Haus)
1923	Separatistenunruhen („Rheinische Republik"-Bewegung)
1923	Akademie für praktische Medizin wird „Medizinische Akademie"
1925	Französische Besatzung zieht ab
1925–26	Rheinstadion mit riesigem Sportkomplex wird gebaut
1926	Ausstellung „GeSoLei"
1926	Vereinigte Stahlwerke, Neugründung und Sitz in Düsseldorf
1926	Erstes AWO-Waisenhaus in Deutschland in Gerresheim
1927	Eröffnung Flughafen Düsseldorf-Lohausen
1928	Erster Rosenmontagsumzug nach dem Krieg
1929	Einweihung Südbrücke
1929	Große Eingemeindung
1929	NSDAP erhält bei Kommunalwahl zwei von 71 Sitzen
1931	Der Serienmörder Peter Kürten wird zum Tode verurteilt
1932	Umbau Hauptbahnhof
1932	Gründung „Düsseldorfer Jonges"
1932	Hitlers Vortrag im Industrieclub

Bohnenfest der Gesellschaft Ludwigsburg

Die Familie Gerken (mütterlicherseits des Einsenders) engagiert sich bis heute sehr stark in der Gesellschaft „Zur Ludwigsburg", der ältesten Bürgergesellschaft in Düsseldorf. Das Foto zeigt Mitglieder dieser Gesellschaft im Jahr 1920, wie sie in ihrem Gesellschaftshaus in der Steinstraße 38/40 das „Bohnenfest" feiern. Das Haus wurde bei einem Bombenangriff 1943 zerstört.

Man beachte dabei, wie einige der Abgelichteten ihre Gesichter verziehen oder mit Händen am Kopf der Vorderleute ihre Späße machen. Das muss an diesem Tag wohl eine sehr vergnügte Feier gewesen sein. Das Fest wird schon mindestens seit dem 13. Jahrhundert, nicht nur in Düsseldorf, gefeiert.

Einsender: Klaus Baumann

Musizierende Wanderer aus Unterrath

Dieses Bild aus dem Jahr 1925 zeigt die Mitglieder des Wander- und Mandolinenvereins „Wanderheil" aus Unterrath. Heute klingt die Kombination aus diesen beiden Vereinszwecken kurios, damals war sie es aber nicht: Es gab viele Wandervereine, die zugleich musizierten. Schließlich ging es in der Wandervogelbewegung, die auch diese jungen Männer in Düsseldorf erfasst hatte, nicht nur um die Erfahrung der Natur, sondern auch um Lebensart und Geselligkeit – da gehörte das Musizieren dazu.

Einsenderin: Sylvia Meinhold

Mädchen beim Turnfest

Die Schule an der Essener Straße in Derendorf, die im Hintergrund dieses Bildes zu sehen ist, gibt es immer noch. Aber während sich dort heute eine Grundschule befindet, war in dem Gebäude früher eine Volksschule, die in Knaben- und Mädchenschule unterteilt war. Im Sommer 1923 wurde dort ein Turnfest ausgerichtet – und dieses Bild einer Mädchenklasse mit Lehrerin aufgenommen.

Einsenderin: Sylvia Meinhold

Eine Kindergruppe der Arbeiterwohlfahrt macht einen Ausflug in den Volksgarten.

Peter Sackers jun. als Junge – im Matrosenanzug.

Ruderbootsverleih im Volksgarten

Immer wieder gerne ein Ausflugsziel der Großstädter, besonders an den warmen Tagen, sind die Gewässer der Stadt, auf denen sich Boot fahren lässt. Der Weiher im Volksgarten gehört unbedingt dazu, wie die Fotos des Einsenders Herbert Trilling zeigen. Sie stammen aus einem Nachlass und zeigen ruderbegeisterte Düsseldorfer in ihren Holzbooten. Sogar eine Art Pontonboot, mit dem man eine Rundfahrt machen kann (für eine Fahrtgebühr von 10 Pfennig), gibt es. Am hölzernen Bootshaus lassen sich Erfrischungen für die durstige Kehle erstehen. Die Bilder sind in den 1920er-Jahren entstanden. Der Bootsverleiher ist Peter Sackers sen. (Urgroßvater des Einsenders), der aus einer alten Düsseldorfer Familie stammt. Sein Vater ist Schiffsbauer und das Familienleben findet in einem Wohnschiff im alten Sicherheitshafen statt. So ist das Wasser das Lebenselement, dem sich Peter Sackers stark verbunden fühlt und aus dem er auch mehr als 50 Menschen das Leben rettet. Nicht nur, wie auf dem Foto mit den vielen Kindern, lädt er Kinder der Arbeiterwohlfahrt in den Ferien zu seinem Bootshaus im Volksgarten ein, sondern zum Beispiel auch die Kinder des Katholischen Waisenhauses in Oberbilk. Ein herzensguter Mensch soll er also gewesen sein, dieser ewig gut gelaunte „Pitter", der ein hochgeschätztes Mitglied der „Düsseldorfer Jonges" war.

Der junge Mann, der zwei Fische in seinen Händen hält, ist sein Sohn Peter Sackers jun. (Großvater des Einsenders). Als kleiner Junge trägt er – typisch für die Zeit – einen Matrosenanzug.

Bis zum Zweiten Weltkrieg betreibt Familie Sackers den Ruderbootsverleih am „Gondelteich" im Volksgarten. Heute stehen am Weiher keine Holzbauten aus der Zeit der Sackers. Das steinerne Bootshaus mit 40 Sitzplätzen und Terrasse direkt am Wasser, das man für Gesellschaften mieten kann, ist neueren Datums und gehört heute zu Manes Meckenstocks „Haus der Freude". Diesen Gastro-Betrieb im ehemaligen Volksgarten-Restaurant, in dem auch Kabarett- und Kleinkunstveranstaltungen angeboten werden, gibt es seit 2010. Der Biergarten vor dem Haus ist einer der schönsten in der ganzen Stadt und hat genauso viel Zuspruch wie sein Vorgänger in den 1920ern.

Einsender: Herbert Trilling

Peter Sackers jun. hat als junger Mann Fische in dem Weiher gefangen.

An schönen Tagen herrscht auf dem Weiher Hochbetrieb.

Im Angebot ist auch eine Rundfahrt mit einem Pontonboot.

Gemeinsames Hobby

Der Großvater Anton und sein ältester Sohn Matthias zeigen auf diesem Bild im Jahr 1925 ihre neueste Errungenschaft: ein Tandem. Aufgenommen ist das Foto an der Unterrather Straße in der Nähe der Gaststätte „Zur Klinke".

Die Fahrräder für mehrere Fahrer erlebten in den 1920er- und 1930er-Jahren einen Boom. Viele Familien nutzten sie für Ausflüge zum Camping. Es gab sogar Seitenwagen für Kinder.

Einsenderin: Sylvia Meinhold

Schützen feiern „Juxmontag"

Ein „Juxmontag" im linksrheinischen Düsseldorf im Jahr 1928. Bis Sonntag mussten die Schützen brav sein und marschieren. Am Montag hatten sie dann „frei" – und da feierten die Kompanien ausgelassen und mit viel Bier. Für solch einen Umzug mussten sie dann Frauenkleider anziehen, weil damals Frauen nicht mitziehen durften. Für die Zuschauer war diese Verkleidung natürlich jedes Jahr ein Riesenspaß. *Einsenderin: Claudia Schumacher*

Einsenderin: Ulrike Holzmüller

*Ballonstart Staufenplatz um 1960.
Einsender:
Hartmut Bauer*

Einsenderin: Ulrike Holzmüller

Die Fahrten der Ballonfreunde

Das Freiballonfahren hat in Düsseldorf eine große Anhängerschaft. Zwischen 1900 und 1930 erlebt das Hobby eine Blüte. In dieser Zeit gibt es viele Start- oder auch Ballonfüllorte in Düsseldorf. Der bekannteste Ort ist – wie auch heute noch – die Ballonwiese im Volksgarten. Zwei Fotos von einem Ballontreffen am Rande der Golzheimer Heide aus dem Jahr 1929 stammen von der Einsenderin Ulrike Holzmüller.

Zu dieser Zeit hat dieses Hobby bereits eine lange Tradition in der Stadt. Bereits Ende des 18. Jahrhunderts steigen im kurfürstlichen Schloss unbemannte Ballons auf. 1842 finden in Höhe des Lokals „Luftballon" an der Fischerstraße/Ecke Nordstraße Heißluftballon-Fahrten und -Feiern statt. 1902 wird der Niederrheinische Verein für Luftschifffahrt gegründet (später Düsseldorfer Aero-Klub). Im gleichen Jahr finden erste Ballonstarts auf einem ehemaligen Exerzierplatz an der Fischerstraße statt. Die Sportwiese am Staufenplatz wird 1931 als Ballonfüllplatz eingeweiht. Im Zoologischen Garten gibt es unterdessen Ballonstarts mit Fallschirmabsprung.

Nach dem Zweiten Weltkrieg wird die Tradition fortgesetzt. In den 1960er-Jahren öffnet der Ballonstartplatz in Eller. Die Einsendung von Hartmut Bauer stammt aus dieser Zeit. Auch heute noch gibt es viele Aeronauten in der Stadt: 2002 feierte der Düsseldorfer Aero-Klub sein 100-jähriges Bestehen.

Richard Klischan und sein Albatros

Ganz ohne Gangway oder Zubringer-Bus, sondern zu Fuß übers Rollfeld oder über eine große Wiese gehen die Passagiere, die vom Flughafen Lohausen in den 1920er-Jahren in die große, weite Welt hinausfliegen wollen. Klaus-Richard Klischan schickte uns zwei Aufnahmen aus dem Jahr 1929 mit seinem Urgroßvater Richard Klischan, vor dessen Abflug in Lohausen. Klischan hatte 1880 das Textilhaus in der Düsseldorfer Altstadt gegründet – und war ein begeisterter Pilot.

Sein Flugzeug mit dem Spitznamen „Albatros" ist ein zweimotoriger Doppeldecker aus den Berliner Albatros-Flugzeugwerken. Das Flugzeug mit den Holzpropellern wird damals als Nachtflugzeug („Schlafwagenflugzeug") im Dienst der Deutschen Lufthansa eingesetzt. Hinter der Passagierkabine hat es einen Gepäckraum und einen Waschraum. Die acht Sessel in der Kabine können in vier Schlafbetten umgebaut werden. Die Reichweite des Flugzeugs liegt bei 600 bis 750 Kilometer.

Als die Aufnahme entsteht, ist der Düsseldorfer Flughafen gerade entstanden. Im April 1927 war er durch den damaligen Oberbürgermeister Robert Lehr eröffnet worden. Etwa ein halbes Jahr später waren die ersten Propellermaschinen in Richtung München, Berlin oder Malmö gestartet.

Der Flug der Klischans führte damals vermutlich nach Frankfurt in die Adler-Werke. Dort holte die Familie ihr neues Automobil, den „Adler 6", ab. Das Bild zeigt die stolze Familie und ihr Fahrzeug vor der Rheinüberquerung mit der Fähre in Kaiserswerth. Urgroßvater Richard Klischan sen. (links) und sein Sohn Richard Klischan jun. (2. von links) posieren stolz mit der Errungenschaft.

Einsender: Klaus-Richard Klischan

Vater und Sohn mit dem „Adler 6".

Richard Klischan sen. (links) mit seiner Tochter Lydie und Sohn Richard jun.

Segler auf dem Rhein

Viele tolle Fotos mit Seglern auf dem Rhein und im Jachthafen aus der Zeit von 1900 bis 1940 schickt uns Eva Klasen – die Eltern ihrer Mutter und ihre Mutter selber hatten eine sehr enge Beziehung zum Rhein. Sie besaßen damals ein Bootshaus, das direkt am Wasser, etwas unterhalb des jetzigen Sporthafens, lag.

Einige Monate lebte die Familie während des Zweiten Weltkriegs sogar komplett in dem Bootshaus, da die Wohnung in Düsseldorf ausgebombt war. Das gemeinsame Hobby brachte auch die Eltern der Einsenderin zusammen: Frau Klasens Mutter und ihr Vater lernten sich 1950 beim Segeln kennen.

Einsenderin: Eva Klasen

Blick auf den Hafen.

Vergnügen auf dem Rhein im Jahr 1915: Auf der Kochplatte steht eine Pfanne, die Dame spielt auf der Mandoline.

Bei Flaute wurden die Boote gezogen. Auf dieser beeindruckenden Aufnahme ist das Ufer kaum zu erkennen.

Schick gekleidet und mit strammer Haltung präsentiert sich diese Bootsgemeinschaft.

Kindergeburtstag 1928

Die Einsenderin, links mit Blume im Haar, feierte 1928 mit anderen Mädchen ihren dritten Geburtstag – und begründete damit eine Tradition, welche die Jahre überdauert hat: „Damenkränzchen habe ich noch bis heute", schreibt sie.

Einsenderin: Inge Kornmeier

Arbeiter in Lörick

Diese seltene Aufnahme zeigt Arbeiter in einer Halle der Böhler-Werke an der Hansaallee in den 1920er-Jahren. Die Böhler AG ist eine Niederlassung eines Wiener Stahlkonzerns, der in Lörick ab 1914 Edelstahl produzierte und Gießereien, Walz-, Press- und Ziehwerke betrieb. Heute ist das Gelände ein großer industriell genutzter Gewerbepark und gehört zur weltweiten Böhler-Uddeholm AG.
Einsenderin: Brigitta Schmitz

Probefahrt im Hanomag

Der Vater der Einsenderin, Max Röder, startet im September 1929 zur ersten Probefahrt im neuen Automobil der Marke Hanomag. „Hinten befand sich eine Klappe, die man öffnen konnte, und somit war Platz für mich und meinen Bruder", erinnert sich Einsenderin Inge Kornmeier.
Einsenderin: Inge Kornmeier

*Die Eltern von Einsender Klaus Baumann
besuchen 1931 als Verlobte Schloss Benrath.
Einsender: Klaus Baumann*

*Die Rheinfähre verbindet
Benrath mit dem Grind.
Einsenderin: Alice Mannhardt*

Ausflugsziel Benrath

Das Schloss Benrath und sein Park waren auch in den 30er-Jahren schon ein beliebtes Ausflugsziel. Davon zeugen zum Beispiel die Bilder eines verlobten Paares, die Klaus Baumann eingesendet hat. Es handelt sich bei den beiden um seine Eltern. Er erinnert sich, dass sie bei solchen Ausflügen nach Benrath oder Kaiserswerth immer intensiv diskutiert haben (auf dem ausgewählten Foto ist nur der Vater zu sehen), auch über die unruhige politische Situation der Zeit.

Kinder wie Inge Kornmeier freuten sich unterdessen besonders auf den Eiswagen – an den Kornmeier immer noch genaue Erinnerungen hat. Auf dem Bild ist sie im Jahr 1928 mit ihrem Cousin zu sehen. Ein Eishörnchen, das weiß sie noch, kostete damals 5 Pfennig. Den Preis für die Fähre, die Benrath und das Grind verband, hat Einsenderin Alice Mannhardt hingegen vergessen. Davon abgesehen erinnert aber auch sie sich noch sehr gut an die Zeit. „Wenn die Fähre überfüllt war, musste man warten", schreibt Mannhardt. „Streitigkeiten habe ich aber nie erlebt." Die Einsenderin hatte sowieso einen Sonderstatus: „Da ich mit dem Fährmannssohn befreundet war, bin ich als Kind immer mit hin- und hergefahren." Bei Hochwasser wurde der Fährbetrieb eingestellt.

Mannhardt vermutet, dass sich dies auch an dem Tag anbahnte, an dem das Bild entstanden ist. „Es war sicherlich die letzte mögliche Fahrt", schreibt sie. „Da unsere Familie ja kein Auto hatte, mussten wir diese letzte Fähre erreichen. Ansonsten musste man in den Bootshäusern übernachten. Diese waren aber auch stark hochwassergefährdet und liefen oft voll Wasser."

Ein Eishörnchen kostet damals 5 Pfennig.
Einsenderin: Inge Kornmeier

Blick in einen Laden

Das Bild eines Lebensmittelgeschäfts mit schön gestapelter Ware stammt aus den 1930er-Jahren. Das Geschäft firmierte unter dem Namen „Dahlmann" und gehörte der Tante „Dela" (Adele) der Einsenderin. Die Geschäftsräume befanden sich an der Ecke Scheibenstraße/Fischerstraße, wo sich heute die Zentrale der ERGO-Versicherungsgruppe erhebt. Über sechs Generationen verkaufte die Inhaberfamilie hier. Zu erkennen sind heute noch bekannte und unbekannte Markenprodukte.

Einsenderin: Helga Dittmar

Die Fuhrwerke einer Bäckerei

Die Familie Bachhausen-Westerhorstmann hat eine lange Tradition im Bäckerhandwerk, die bis heute besteht. In den 1930er Jahren kamen die Brötchen noch mit Pferdefuhrwerken zu den Kunden, wie dieses Foto zeigt. Die Backstube an der Kölner Landstraße brannte im Krieg aus.

Einsender: Frank Bachhausen

Schulklasse aus Derendorf

Damals wie heute gerne fotografiert: Schulklassen. Die Aufnahme vom 16. März 1926 zeigt eine Klasse mit 47 zumeist 14-jährigen Kindern der Volksschule an der Blumenthalstraße in Derendorf. Man beachte die Kleidchen und Schleifen im Haar! Die evangelische Volksschule gibt es seit 1902. Bei Bombenangriffen 1944 wird die Schule, und mit ihr die katholische Volksschule in der Nachbarschaft, schwer beschädigt.

Einsender: Rolf Dittmar

„So feierte man 1929 Weihnachten", schreibt die Einsenderin Helga Beyerlein zu diesem Bild.

Einsenderin: Marianne Volke

Weihnachten mit der Familie

Ein Klassiker unter den Fotomotiven: die Kinder an Weihnachten. Das gilt für die Zeit der Weimarer Republik genau wie für unsere heutige. Die Wohnstuben und die Kleidung der Kinder sehen damals aber anders aus – und es gibt Geschenke, die heute nicht mehr unter dem Baum liegen. Inge Kornmeier bekommt 1931 von ihren Eltern einen Vorläufer des Kettcars geschenkt: „Mein Bruder und ich freuen uns auf die neuen „Holländer", erinnert sie sich beim Anblick des Fotos. Die vierrädrigen „Holländer" wurden durch Bewegen der Deichsel angetrieben; bis in die 50er-Jahre wurden sie produziert. Im Gedächtnis geblieben ist Inge Kornmeier auch, welche Mühe sich ihre Mutter damals in der Vorbereitung des Fests gegeben hat. „Meine Mutter hat die Lamettafäden immer alle einzeln aufgehängt."

Über einen anderen Spielzeugklassiker freut sich 1929 der Bruder von Einsenderin Marianne Volke. Auf ihn hat unter dem Weihnachtsbaum ein Münchner Kindl-Baukasten gewartet, mit dessen Teilen sich Häuser konstruieren lassen, vom Arbeiterdoppelhaus über ein Forsthaus bis zur Feldkapelle. Schon als am selben Abend das Bild gemacht wird, hat der Junge mithilfe seiner Eltern ein kleines Dorf aufgestellt.

Das festliche Mahl zweier erwachsener Paare zeigt das Bild, das Helga Beyerlein eingesandt hat. Es stammt ebenfalls aus dem Jahr 1929.

Inge Kornmeier und ihr Bruder freuen sich über den „Holländer".
Einsenderin: Inge Kornmeier

Pfarrprozession mit Chor

Die kirchlichen Traditionen spielen auch in der Weimarer Republik eine große Rolle, wie diese Prozession der katholischen Liebfrauen-Gemeinde in Flingern im Jahr 1931 zeigt. Der Männerchor begleitet den Umzug mit Gesang.
Einsenderin: Gertrud Schneider

Einsenderin: Ulrike Holzmüller

Das umstrittene Kriegerdenkmal

Wie unruhig die Zeiten in Düsseldorf 1929 waren, zeigt dieses Bild des umstrittenen 39er-Denkmals auf dem Vorplatz der Tonhalle: Der Sockel des Ehrenmals ist mit Parolen beschmiert, zwischen den Händen der beiden Soldaten liegt ein Gedenkkranz. Das sind Zeichen, wie sehr um das ein Jahr zuvor enthüllte Denkmal gestritten wurde. Es erinnert an das Niederrheinische Füsilierregiment 39, das im Ersten Weltkrieg gekämpft hatte. Rechte Kritiker stießen sich an dem modernen Entwurf des Bildhauers Jupp Rübsam – er brach mit den klobigen Figuren mit traditionellen Heldenstatuen. Schon kurz nach der Machtübernahme der Nazis, im März 1933, wurde das Denkmal abgebaut; die Nazis veranstalteten an dieser Stelle wenige Tage später eine Bücherverbrennung. Heute sind die Überreste des Denkmals wieder vor der Tonhalle zu sehen. Eine Gedenktafel erinnert an ihre Geschichte.

Auf seiner Deutschland-Reise besucht der Schienenzeppelin 1931 Düsseldorf. Diese Aufnahme entsteht vor dem Lokschuppen am Bahnhof Derendorf. Einsenderin: Helga Beyerlein

Technische Sensationen in der Stadt

In den späten 20er-Jahren macht die Technik gewaltige Fortschritte – und die Düsseldorfer können zwei Rekordfahrzeuge in Aktion bestaunen. Im Jahr 1931 besucht der von Franz Kruckenberg konstruierte Schienenzeppelin auf einer Deutschland-Rundreise Düsseldorf. Der Zug, von dem es nur ein Exemplar gibt, hat vor Kurzem mit einer Geschwindigkeit von 230,2 Stundenkilometern einen Weltrekord aufgestellt. Außerdem ist er berühmt für sein außergewöhnliches Design: Der silberne Zug hat einen Propeller und ähnelt damit wirklich dem Luftschiff, das ihm seinen Namen gibt. Als er durch Düsseldorf rollt, winken ihm Tausende Schaulustige an der Strecke zu.

Ein Jahr später kommt eine weitere Sensation zu Besuch: Das Wasserflugzeug Do X landet auf Höhe der Innenstadt auf dem Rhein. Das Flugzeug aus den Dornier-Werken ist zu seiner Zeit das größte der Welt. Es fasst 159 Passagiere und zehn Besatzungsmitglieder und wird angetrieben von zwölf Propellern in sechs Gondeln auf der Tragfläche – eine ungewöhnliche Konstruktion, die sich viele Zuschauer und auch Fotografen aus der Nähe anschauen wollen.

Einsenderin Marianne Volke ist damals mit ihrem Vater dabei, der auch die Fotokamera mitbringt. „Ich war sieben Jahre alt und mit meiner Freundin Camilla zu Besuch bei deren Großvater Nikolaus Knopp, Kaiser-Wilhelm-Ring 1, 1. Stock", erinnert sie sich. Knopp, nach dem heute ein Platz benannt ist, war viele Jahre der Bürgermeister von Heerdt. Seine Wohnung erlaubte eine direkte Aussicht auf den spektakulären Flieger. „Ich kann mich noch genau daran erinnern, dass wir von dort aus den besten Blick hatten", schreibt Marianne Volke.

Die Zeit der Do X ist kurz: Nach einem Unfall 1934 wird die Produktion eingestellt, die Bauweise des Fliegers hat sich als zu unpraktisch erwiesen. Ein ähnliches Schicksal ereilt den Schienenzeppelin, der kurze Zeit nach seiner großen Deutschland-Reise in einem Schuppen landet und dort verfällt. Sein Geschwindigkeits-Weltrekord wird aber erst in den 1950er Jahren überboten.

Einsender: Marianne Volke, Rolf Dittmar (2)

1933 – 1939

Als die Nationalsozialisten 1933 die Macht übernehmen, beginnt in Düsseldorf eine Zeit des Terrors gegen Minderheiten und Andersdenkende. In den Bildern der „Fotoschätze"-Aktion ist davon wenig zu sehen – sie zeigen den Alltag, der trotzdem weiterging.

Adolf Hitler bei seinem Düsseldorf-Besuch am 17. November 1938 anlässlich des Staatsbegräbnisses für den Gesandtschaftsrat Ernst vom Rath.

Brauner Schatten über Düsseldorf

Als 1932 Hitler im Industrieclub (Parkhotel) seine Ideen auserlesenen deutschen Wirtschaftsgrößen vorstellt, prügeln sich protestierende Gewerkschaftler vor der Tagungsstätte mit der Polizei. Provozierende Märsche der SA, Kundgebungen, Saalschlachten oder brutale Massenschlägereien stehen auf der Tagesordnung der rivalisierenden politischen Gruppierungen in den Anfangsjahren der 1930er. Auch Anhänger der Hitlerjugend oder des völkisch-nationalistischen „Stahlhelms" prügeln sich mit katholischen Jugendlichen oder der sozialistischen Jugend.

Nach der Machtübernahme Hitlers am 30. Januar 1933 gibt es Proteste unterschiedlichster Gruppen gegen die Ernennung zum Reichskanzler. Jetzt kommen aber zunehmend SA oder SS als „Hilfspolizisten" zum Einsatz und offene Rechnungen unter den politischen Gegnern werden gewaltsam beglichen.

Düsseldorf wird, wie andere deutsche Städte auch, nach und nach zu einer nationalsozialistischen Stadt umgestaltet. Das politische Programm und Führerprinzip der Nationalsozialisten wird in der Kommunalverwaltung eingeführt. Kritiker oder Widersacher werden verfolgt, Vereine oder Organisationen gleichgeschaltet oder verboten. Führungspositionen werden mit Anhängern des Nationalsozialismus besetzt. Düsseldorf wird eine Art „Wallfahrtsort für Albert Leo Schlageter", der von den Franzosen wegen Sabotageakten und Spionage 1923 hingerichtet wird.

Schon früher als im gesamten Deutschen Reich wird unerwünschte Literatur im April 1933 verbrannt. Jüdische Geschäfte sehen sich verstärkt mit Hetzkampagnen konfrontiert. Die jüdische Bevölkerung wird ab 1935 zunehmend auf verschiedenste Weisen drangsaliert, was im Pogrom 1938 und in den Deportationen seine Höhepunkte findet. Nicht nur die jüdischen Mitbürger, sondern auch Sinti und Roma, Kommunisten oder Insassen von Heilanstalten erleiden ähnliche Schicksale. 1936 wird Düsseldorf Garnisons- und Gauhauptstadt. Die

Düsseldorfer Rüstungsindustrie erlebt einen Aufschwung. Nach der Reichsausstellung „Schaffendes Volk" 1937 beginnen Planungen zu einem großen städtebaulichen Umbau Düsseldorfs – in einer Art Nationalsozialistischen Gigantismus –, die sogar noch während des Zweiten Weltkriegs weitergeführt werden.

Nicht dass es von den schrecklichen Ereignissen dieser Zeit keine Fotos geben würde – auf den privaten Aufnahmen, die eingereicht wurden, ist von ihnen aber wenig zu sehen. Es handelt sich wohl nicht um die Art Bilder, die man als „Fotoschätze" in der Familie weiterreicht und sogar für eine Veröffentlichung aus der Hand gibt. Die Fotos, die eingesandt wurden, zeigen Alltagsszenen, Brauchtums-Ablichtungen oder das Posieren von Familienmitgliedern während üblicher Ausflugstouren – und vermitteln den Eindruck: „Wir hatten trotzdem ein gutes Leben und auch viel Spaß an der Freud'!" Kurz vor Ausbruch des Zweiten Weltkriegs feierte man noch sommerlich rund um die Königsallee.

Chronik

1933	*Machtübernahme, Gleichstellung der Verwaltung und des öffentlichen Lebens, Parteienverbote, Razzia in Gerresheim*
1933	*Erste Bücherverbrennung*
1933	*Fortuna Düsseldorf wird Deutscher Meister (11.6.)*
1933	*Fertigstellung des Polizeipräsidiums (27.11.)*
1934	*Treuekundgebungen für Kirche und Papst in Düsseldorfer Pfarrkirchen, Tumulte*
1935	*Rheinisch-Westfälische Börse wird eröffnet*
1935	*Eröffnung Robert-Schumann-Konservatorium*
1935	*Urdenbacher Kämpe und Neandertal werden zu Naturschutzgebieten erklärt*
1935	*Erster drahtloser Fernschreiber*
1936	*Einmarsch in entmilitarisierte Zone, Düsseldorf wird Garnisonsstadt*
1937	*Reichsausstellung „Schaffendes Volk"*
1937	*Anlage des Nordparks*
1938	*Reichspogromnacht, Niederbrennung der Synagoge*
1938	*Auflösung der Rugby-Abteilung von Fortuna Düsseldorf*
1939	*Beginn Zweiter Weltkrieg (1. September)*

Blick ins Reisebüro

Das Bild entstand in einem Düsseldorfer Reisebüro im Jahr 1938. An der Wand sind die Fahrkarten geordnet.

Harald Leuckfeld im Reisebüro 1938
Einsenderin: Jutta Junick

Stammtisch im Antoniushof

Fröhliche Stimmung in der Stammtischrunde im Antoniushof am Fürstenplatz, Morsestraße. Das Foto stammt aus dem Jahr 1938 und zeigt in der Mitte Wilhelm Bartz (mit Bart und Pfeife), Brandmeister a. D. der nahen Feuerwache an der Hüttenstraße. Er ist der Urgroßvater des Einsenders. Auf der linken Seite sieht man das Plakat des Kegelklubs „Namenlos", der zu einem Preiskegeln einlädt. Heute gibt es sie kaum noch: Tischdecken auf den großen Tischen der Gaststätten. Wie man sieht, ist die gesellige Runde eher dem Wein zugeneigt als dem Bier, dazu rauchen die Männer dicke Zigarren und Pfeife.

Einsender: Klaus Zappe

Einsenderin: Rosemarie Gramberg

Das Asta-Nielsen-Kino

Das Kino startete 1911 als Lichtspieltheater für 594 Zuschauer an der Graf-Adolf-Straße 37. Es ist die große Zeit des Kinos: Das Lichtspielhaus kassiert immer wieder Rügen wegen Überfüllung des Saales. Ab 1932 werden UFA-Filme gezeigt und nach vorübergehender Flaute in den 1920er-Jahren kehrt neuer Glanz ins Kino-Haus zurück, bis Bombenangriffe das Kino immer wieder beschädigen. Im März 1944 wird zum letzten Mal vor Kriegsende ein Film gezeigt. Schon im Oktober 1945 öffnet das Haus wieder einem interessierten Publikum, wobei sich deutsche und englische Besucher (Besatzung) die Tageszeiten teilten. Anfang der 1950er beginnt die Ära der Abenteuer- und Westernfilmvorführungen im Asta Nielsen. In den 1970er- und 1980er-Jahren ist das Haus in drei Kino-Säle aufgeteilt.

Die Familie von Einsenderin Rosemarie Gramberg, geborene Baltes, betrieb das Kino damals. Das Bild mit dem Plakat zu „Attila, der Hunnenkönig" kann Gramberg ungefähr datieren, obwohl auf der Rückseite der Aufnahme nichts vermerkt ist. „Das muss vor dem Krieg gewesen sein", schreibt sie. „Nach dem Krieg spielten wir nur Western."

Rundgang durch die Stadt

Immer wieder finden sich in alten Fotoalben Bilder von Rundgängen durch die Stadt – wie in dieser Sammlung. Ob die Bilder damals von Hobbyfotografen selbst gemacht oder – wie zu der Zeit üblich – als von einem Profi fotografierte Bilderreihe gekauft wurden, lässt sich nach all den Jahren nicht nachvollziehen, denn auf der Rückseite ist nichts vermerkt. Auf den Bildern entdeckt man Anblicke wieder, die man auch heute noch zumindest so ähnlich kennt: die Oberkasseler Rheinwiese mit einer Schafsherde, die Tritonen-Gruppe an der Kö oder der Hofgarten.

Auf den Fotos aus den 1930er-Jahren sieht man aber auch Gebäude und Straßen, die es heute nicht mehr gibt – wie das Amtsgericht an der Mühlenstraße oder den Wochenmarkt vor dem Rathaus.

Einsender: Manfred Sieberling

Ein Blick auf die Düssel in der Altstadt.

Hinteransicht des Standbilds von Akademie-Gründer Peter von Cornelius an seinem ursprünglichen Standort auf der Kö. Heute steht es weiter in Richtung Hofgarten.

Das Café Wien, ehemals auch Corso Cabaret, in den 1930er-Jahren: An der Ecke Königsallee/Graf-Adolf-Straße gab es Vergnügungen und Unterhaltung auf mehreren Etagen. Dazu gehörten Weinstuben, Getränkebars und Café-Tische, dazu Billardtische und Musik von Stehgeigern.

Die Tonhallenstraße mit der Kirche St. Maria Empfängnis.

Die Ausstellung „Schaffendes Volk"

Im Jahr 1937 blickte Nazi-Deutschland nach Düsseldorf: Die Reichsausstellung „Schaffendes Volk" war die wichtigste Propagandaschau Deutschlands während des Nationalsozialismus und sollte die Vorzüge der neuen Ordnung illustrieren: das „neue deutsche Wohnen", das „neue deutsche Arbeiten" und die „neue deutsche Kunst". Mehr als sechs Millionen Menschen strömten aus dem In- und Ausland in die Stadt. Mit der Ausstellung entstand ein völlig neues Stadtviertel in Düsseldorf, das nach der NS-Märtyrerfigur Albert Leo Schlageter „Schlageterstadt" genannt wurde.

Heute sind nur noch die Parkanlage des Nordparks sowie die anschließenden, seit Kurzem denkmalgeschützten Siedlungen erhalten.

Einsender: Hermann Küch, Manfred Sieberling, Ricarda Kempa

Das Messegelände, auf dem heute der Aquazoo liegt. Die „Rossebändiger" links und rechts des Eingangs gibt es immer noch.

Mit dem „Schlageter-Kreuz" erinnerten die Nationalsozialisten an den von einem französischen Militärgericht 1923 zum Tode verurteilten Albert Leo Schlageter.

Auch Hermann Göring besuchte die Ausstellung.

Diese beiden Frauen stehen an der Kasse der Ausstellung.
Sie zählte mehr als sechs Millionen Besucher.
Einsenderin: Margarete Liebl

Parkhotel mit Nazifahnen

Für eine Gauhauptstadt, wie Düsseldorf sie ist, gehört sich eine entsprechende Dekoration wie das Beflaggen der Straßen und öffentlichen Gebäude. Das repräsentative Parkhotel (heute Steigenberger), auch Unterkunft von internationalen Gästen und Parteigrößen der Nationalsozialisten, ist in den späten 30er-Jahren rundum beflaggt.

*Platz der Jugendherberge in Oberkassel.
Einsenderin: Marianne Volke*

Zur Eröffnung gibt es eine große Feier in Reih und Glied.

Einweihung der Jugendherberge

1936 wird der Grundstein für eine Jugendherberge in Oberkassel auf dem Gelände eines ehemaligen und beliebten Ausflugslokals (Rheinlust) gelegt. Diese Jugendherberge sollte mit 500 Schlafplätzen die größte Herberge in Deutschland werden. Im Mai 1937 wird mit großem nationalsozialistischem Pomp Einweihung gefeiert. Auf dieser Feier entstehen diese Bilder mit Hakenkreuz-Fahnen und Jugendlichen in Reih und Glied. Reichspropagandaminister Joseph Goebbels gibt seinen Namen für das Haus.

Düsseldorf-Schmuck an der Ostsee

Der Vater von Einsenderin Marianne Volke war ein echter Lokalpatriot – was er auch im Urlaub zeigen wollte. Deshalb verzierte er 1939 den Strandkorb der Familie am Ostseestrand mit allerlei Düsseldorf-Motiven: Stadtwappen, Schlossturm, Radschläger und Thron von Jan Wellem. Auch das Schlageter-Kreuz der Nationalsozialisten formte er aus Steinen und Muscheln. Es war das Jahr, in dem der Krieg begann, der auch Marianne Volkes Vater das Leben kosten würde: Er starb im Krieg bei einem Luftangriff.

Einsenderin: Marianne Volke

Lesestunde im Wintergarten

Ein wunderbarer Einblick in ein privates Lesezimmer an der Simrockstraße, wo im Jahr 1933 alle auf gemütlichen Sesseln ihren Spaß an unterschiedlicher Lektüre haben. Auffällig für heutige Betrachter: Kein Smartphone, Laptop, Tablet oder sonstige Elektronik lenkt vom Lesegenuss ab ...

Einsenderin: Inge Kornmeier

Fahrt ins Blaue

Zu einer fröhlichen Fahrt brechen diese Kinder im Jahr 1937 auf – in einer kleinen Kutsche, die von einer Ziege gezogen wird. Dem Tier haben sie sogar ein Reitgeschirr angelegt.

Einsender: Heinz Böckerhoff

Das erste Radio

Stolz posiert diese Frau im Jahr 1935 mit dem Weihnachtsgeschenk, das sich die Familie gemacht hat. „Meine Mutter vor dem neuen, zu Weihnachten gekauften ‚Blaupunkt-Radio' und Plattenspieler", schreibt Einsenderin Ingeborg Kornmeier. „Diesen Moment hat mein Vater festgehalten."
Einsenderin: Ingeborg Kornmeier

1939–1945

Ab 1942 ist Düsseldorf Ziel etlicher verheerender Luftangriffe. Zurück bleiben viele Tote – und zehn Millionen Kubikmeter Trümmer. Ein Fotograf aus Oberkassel beobachtet die Bombennächte.

Die Mintropstraße nach dem „Pfingstangriff" am 12. Juni 1943: An die Tür sind Hinweise über den Verbleib der Bewohner geschrieben.

Wie der Krieg Düsseldorf erreicht

Als am 1. September 1939 mit dem Überfall auf Polen der Zweite Weltkrieg beginnt, betrifft das Düsseldorf zunächst nur indirekt. In den Straßen marschieren deutsche Truppen auf, bevor sie sich in Richtung Front begeben; Soldaten auf Heimaturlaub erzählen von den Kämpfen. Manche Familien haben Tote und Verletzte zu beklagen. Auch als 1940 schon die ersten Bomben auf die Stadt fallen, richten sie wenig Schaden an.

Die Lage ändert sich 1942, als der Luftkrieg in Deutschland beginnt und Düsseldorf – wie viele andere deutsche Städte – zum Ziel vieler Attacken wird. Ein Großangriff am 31. Juli 1942 trifft vor allem die südlichen Stadtteile, die Friedrichstadt sowie die Stadtmitte und fordert 290 Tote und mehr als 1.000 Verletzte. Ein weiterer Angriff am 10. November 1942 trifft die Altstadt und die Stadtmitte mit 132 Toten und 550 Verletzten. Weitere Großangriffe folgen. Bei Kriegsende sind 243 Angriffe gezählt worden, bei denen 5.863 Zivilisten ums Leben gekommen sind. Die Stadt ist in großen Teilen nicht wiederzuerkennen: Von 176.000 Wohnungen sind mehr als die Hälfte zerstört worden. Alle drei Rheinbrücken, etliche Straßen, Hochwasserdeiche, Unter- und Überführungen sowie das Entwässerungsnetz sind weitgehend zerstört. Die Trümmermenge wird auf rund zehn Millionen Kubikmeter geschätzt.

Dass nicht noch ein weiterer verheerender Angriff folgt, liegt an einer Gruppe mutiger Bürger, die eine kampflose Übergabe der Stadt erreichen. Einige Mitglieder der „Aktion Rheinland" bezahlten für dieses Engagement mit dem Leben. Nachdem Düsseldorf sieben Wochen Frontstadt war, besetzen amerikanische Truppen am 2. März die linksrheinischen Teile der Stadt, am 17. April ergibt sich der Rest der Stadt kampflos.

Privatfotografen halten die Bombennächte und ihre Folgen fest. Dem Oberkasseler Günther Schmidt, dessen Bilder in diesem Buch vertreten sind, fotografiert über den Rhein die brennenden Straßen der Innenstadt und knipst sogar die Bomber, die über sein Wohnhaus fliegen. Bei der „Fotoschätze"-Aktion der Rheinischen Post gingen auch viele Kinderbilder aus dieser Zeit ein – denn die in den späten 30er- und frühen 40er-Jahren geborenen Düsseldorfer haben diese Jahre miterlebt und, wenn sie damals schon alt genug waren, prägende Erinnerungen an die schrecklichen Nächte der Bombenangriffe.

Chronik

Ab 1939	Am 1. September beginnt der Zweite Weltkrieg
1939	Erste Kriegsgefangene werden als Zwangsarbeiter eingesetzt
1940	Auf Düsseldorf fallen die ersten Bomben
1941	Der erste Deportations-Zug von Juden geht ins Ghetto Lodz
Ab 1942	Der Luftangriff am 1. August zerstört weite Teile der Innenstadt. Bis zum Kriegsende folgen neun schwere sowie 234 weitere Luftangriffe
1945	Rund 6.000 Zivilisten sterben bei Bombardements und Beschuss vom linken Rheinufer im Frühjahr
1945	Heeresstreifen terrorisieren die Bevölkerung
1945	Die Widerstandsgruppe „Aktion Rheinland" ermöglicht die kampflose Übergabe der Stadt an amerikanische Truppen am 16./17. April
1945	Am 8./9. Mai kapituliert Deutschland bedingungslos

Auf Heimaturlaub

Ein typisches Bild aus der Zeit, auf dem man ablesen kann, dass der Krieg beginnt: Die Familie von Margarete Liebl macht einen Ausflug zum Nordpark, und der Vater trägt Uniform. Er ist 1940 auf Heimaturlaub.

Einsenderin: Margarete Liebl

Weihnachten im abgedunkelten Wohnzimmer

Auf den ersten Blick sieht dieses Foto wie ein klassisches Weihnachtsbild aus. Aber im Hintergrund zeigt sich, dass es im Krieg aufgenommen wurde, denn die Fenster sind verdunkelt. Einsenderin Marianne Speckamp ist das Mädchen auf der rechten Seite, das in diesem Jahr eingeschult wurde.

Einsenderin: Marianne Speckamp

Wie ein Oberkasseler den Krieg fotografiert

Eine beeindruckende Serie von Bildern schickte uns Hartmut Schmidt. Die Aufnahmen stammen von seinem Vater Günther Schmidt. Dieser hatte die Fotokamera immer dabei – und dokumentierte auch die Kriegsjahre in seinem Stadtteil Oberkassel. Er hielt fest, wie die Truppen durch die Hauptstraßen des Stadtteils marschierten und wie Oberkassel zu dieser Zeit aussah. Auch als die Bomben zu fallen begannen, machte er Fotos, unter anderem von den Schäden im Linksrheinischen und den Bränden auf der anderen Rheinseite. Sogar als die Bomber über dem Haus flogen, drückte Schmidt auf den Auslöser.

Einsender: Hartmut Schmidt

Der Fotograf Günther Schmidt Anfang der 40er-Jahre.

Winteridylle an Weihnachten 1939: Ein Junge sitzt an der Oberkasseler Rheinpromenade.

Ein Blick über die Oberkasseler Brücke, die kurz vor Kriegsende zerstört werden wird.

Auch Kutschen hat das Militär dabei.

Truppen marschieren über die Luegallee. Es ist derselbe Tag im Jahr 1941, an dem die Bomben auf den Hafen fallen.

Eine seltene Aufnahme: Bomber, die über Oberkassel fliegen.

Bombenschäden an der Brend'amourstraße.

Bombennacht am 14. März 1944: Im Hintergrund sieht man das Feuer im Hafen. Im Vordergrund erkennt man die Oberkasseler Rheinpromenade.

Einsender: Hartmut Schmidt

Zerstörtes Kinderrad

Zu ihrem dritten Geburtstag bekam Einsenderin Ulrike Holzmüller im Jahr 1943 ein Kinderfahrrad geschenkt. Das Foto zeigt sie bei einer Tour über den Graf-Adolf-Platz. Bei einem Bombenangriff verbrannte das Rad wenige Wochen später in der Wohnung an der Breiten Straße. „Meine Freude daran war also nur sehr kurz", erinnert sich Ulrike Holzmüller.
Einsenderin: Ulrike Holzmüller

Panzer aus Brennholz

Kinder spielen Krieg im Oktober 1944: Die Jungs haben sich einen Panzer aus Brennholz gebaut. Die Kinder erleben die Bombenangriffe auf Düsseldorf nicht mit, sie befinden sich auf dem Land in Eitelborn im Westerwald. Der Krieg ist in ihrem Leben und Spielen trotzdem präsent. Viele Düsseldorfer flohen vor den Bomben. Am Ende des Krieges zählte die Stadt nur noch 235.000 Einwohner – weniger als die Hälfte bei Kriegsbeginn.

Einsender: Klaus Baumann

Suche nach Kanarienvogel

Nach einem Luftangriff am 12. Juni 1943 suchen ein Junge und seine Mutter nach dem Kanarienvogel und anderen Habseligkeiten, die übrig geblieben sind. Der Junge ist der Einsender Hans-Josef Kürten.

Einsender: Hans-Josef Kürten

Die zerstörte Immermannstraße

Der schwere Luftangriff an Pfingsten 1943 richtet auch an der Immermannstraße große Schäden an. Dieses eindrucksvolle Foto aus dem März 1944 zeigt, wie sich die Straße in eine Trümmerlandschaft verwandelt hat. Rechts auf dem Foto, das in Richtung Oststraße aufgenommen ist, steht die Fassade von Haus Nummer 16. Das war das Elternhaus von Einsenderin Hildegard Vonnahme, das von den Bomben ebenfalls zerstört wurde.

Einsenderin: Hildegard Vonnahme

1945 – 1949

Der Krieg hat viele Ruinen in Düsseldorf hinterlassen. Die Bilder aus den ersten Nachkriegsjahren dokumentieren den Wiederaufbau – und den Alltag in einer Stadt, die ihr Gesicht verändert.

Blick vom Wilhelm-Marx-Haus über die Dächer der Altstadt (1945).

Trümmer und Wiederanfang

Düsseldorf ist im Jahr 1945 ein Trümmerfeld. Mehr als die Hälfte der Bevölkerung wurde in der Nazizeit und im Zweiten Weltkrieg ermordet oder deportiert, von Bomben und Beschuss getötet oder ist vor den Luftangriffen aufs Land geflohen. Große Teile der Stadt sind zerstört, der Staat ist zusammengebrochen. Viele Menschen sorgen sich um vermisste Angehörige und vor der ungewissen Zukunft. Die Alliierten versuchen, mit einem Entnazifizierungsausschuss die Täter der ungeheuerlichen Verbrechen der NS-Zeit zu finden.

Die Wiederherstellung der Versorgung ist ein gewaltiger Kraftakt: Unter der Aufsicht der britischen Alliierten werden die Trümmer weggeräumt und allein in den beiden Jahren nach dem Krieg 11.000 Wohnungen errichtet und 65.000 behelfsmäßig winterfest gemacht, außerdem Brücken, Kanäle und Straßen gebaut. Das Gesicht der Stadt verändert sich. Nach und nach stabilisiert sich auch die Versorgung – und spätestens mit der Währungsreform 1948 geht es für die Wirtschaft spürbar aufwärts. Die Stadt Düsseldorf wächst wieder: Während sie 1945 nur noch 235.000 Einwohner hatte, sind es 1949 bereits wieder 466.000.

Wie sieht der Alltag in der Nachkriegszeit aus? Private Fotos von damals zeigen uns das gewaltige Ausmaß der Zerstörung. Viele Menschen fotografieren ihre zerstörten Wohnhäuser oder bekannte Straßen der Stadt, die in Schutt und Asche liegen. Andere Bilder zeigen, wie das Leben trotz aller Not und Ungewissheit weitergeht:

Das Jan-Wellem-Denkmal kehrt am 25. November 1945 aus einem Bergstollen in Gerresheim zum Marktplatz zurück.

Chronik

1945	Besetzung durch amerikanische Truppen am 17. April
1945	Übergabe an die britische Militärregierung am 21. Juni
1946	Stadtverwaltung nach englischem Vorbild
1946	Düsseldorf wird Hauptstadt von Nordrhein-Westfalen
1947	Hungerdemonstrationen
1947	„Deutsche Presseausstellung"
1947	Gustaf Gründgens wird Generalintendant der Städtischen Bühnen
1947	Eröffnung des Kom(m)ödchens
1948	Neubau der Oberkasseler Brücke
1949	Das wiederaufgebaute Ständehaus wird Sitz des Landtags
1949	Der Flughafen geht in Betrieb die Börse wird wiedereröffnet
1949	Die Auto-Union-Werke produzieren in Düsseldorf

Kinder werden geboren, Wohnungen, Läden oder auch Kirchen eingerichtet. In ihrer Freizeit paddeln Familien auf dem Rhein, die Schützenvereine richten wieder ihre Feste aus.

Als nach der Währungsreform 1948 die größte Not überstanden ist, beginnt sich das Leben auch in Düsseldorf zu normalisieren. Ein Zeichen dafür ist die Rückkehr des Karnevals: 1949 richtet das wiedergegründete Carnevals-Comitee eine erste, improvisierte „Närrische Parade" aus; 1950 folgt der erste Rosenmontagszug, der die Turbulenzen beim Wiederaufbau aufs Korn nimmt. Sein Motto: „Häß Du en Ahnung! Alles Planung!"

Ruinen in Oberbilk

Die Luftangriffe haben in Oberbilk gewaltige Schäden hinterlassen. Rund um den Oberbilker Markt stehen Ruinen. Auch die 1899 errichtete Christuskirche, die es heute noch gibt, ist schwer beschädigt.

Einsenderin: Marlies Klöfkorn

Fronleichnamsprozession 1945

Wenige Wochen nach Kriegsende, Ende Mai 1945, richtet die katholische Kirchengemeinde St. Apollinaris in Oberbilk eine Fronleichnamsprozession aus. Der Prozessionsweg verläuft über die Ellerstraße in Richtung Linienstraße.
Einsender: Klaus G. Neuhaus

Weihnachten in der Notkirche

Die St.-Adolfus-Kirche in Pempelfort wurde bei Bombenangriffen 1944 fast vollständig zerstört. Im November 1945 richtet die Gemeinde eine Notkirche ein – in einer ehemaligen Baracke des Reichsarbeitsdienstes, die an der Südseite der zerstörten Kirche aufgebaut wurde. Dieses Bild entstand im Altarraum zu Weihnachten 1945.
Einsenderin: Annie Schneider

Zerstörung an der Kasernenstraße

Auch das Wohnhaus von Anna und Johann Mannhardt, Großeltern von Einsenderin Alice Mannhardt, ist zerbombt. Das Haus an der Kasernenstraße wird mit Balken gestützt.

Einsenderin: Alice Mannhardt

Spaziergang „Auf'm Hennekamp"

Vater und Sohn bei einem Spaziergang „Auf'm Hennekamp" Ende der 40er-Jahre. Diese Straße in Bilk hat sich völlig verändert: Damals sieht es dort noch leer und unbebaut aus, heute verläuft dort der viel befahrene Lastenring.
Einsender: Peter-J. Küster

> Wä nur von
> „Suffe" spricht,
> kennt nix
> von „Doosch."

Der Uerige macht wieder auf

Auch die Traditionsbrauerei in der Altstadt ist im Krieg von Bomben zerstört worden. Brauer und Zapferinnen helfen nach Kriegsende beim Aufräumen und dem Wiederaufbau, der vier Jahre dauert. Während rundherum noch Trümmer stehen, wird wieder Altbier ausgeschenkt. „D'r Uerige hät jetz widder op!", informiert das Schild über der Eingangstür.
Einsender: Horst Wohlgemuth

Schützenfest mit improvisierter Kleidung

Unter der Beobachtung der britischen Besatzungsmacht dürfen die Schützen 1946 durch Gerresheim ziehen. Das 20 Jahre zuvor gegründete 1. Reitercorps des St.-Sebastianer-Vereins hat allerdings nach dem Krieg keine Bekleidung – und muss sich etwas einfallen lassen. „Durch Vermittlung konnten wir die leichten, weißen Sommerjacken der Düsseldorfer Reiterstaffel nutzen", erinnert sich Einsender Egon Grüters, dessen Vater Wilhelm den Verein damals neu ins Leben rief. Reitkappen sind zu dieser Zeit ebenfalls nicht zu bekommen. „Als Reitkappe haben wir die Kopfbedeckung der Fleischergesellen der Fleischerinnung vom Schlachthof Düsseldorf getragen."

Einsender: Egon Grüters

Hungerdemonstration auf der Kö

Der Schüler Peter Baum träumt von einer Karriere als Fotoreporter. Deshalb nimmt er die Kamera mit, als sich Tausende Düsseldorfer am 28. März 1947 zu einer Demonstration in der Innenstadt versammeln. Im harten Winter hat es Hungertote gegeben und die Demonstranten machen ihrem Ärger auf die Besatzungsmacht Luft, die sie für die schlechte Versorgung verantwortlich machen. Zu einer brisanten Szene kommt es auf der Kö, als ein VW der britischen Besatzer durch den Protestzug fahren will. Die wütenden Demonstranten werfen das Fahrzeug, in dem noch die Fahrer sitzen, um – und Peter Baum gelingt eine beeindruckende Aufnahme. Anschließend ließen die Demonstranten die Fahrer aussteigen und warfen das Fahrzeug in die Landskrone, erinnert sich Karl-Heinz Küpper. Er war damals mit dem gleichaltrigen Freund und Fotografen unterwegs und besitzt heute das Bild von Peter Baum, der dann doch eine andere Laufbahn eingeschlagen hat und inzwischen gestorben ist.

Die Demonstration zieht über die Kreuzung Schadowstraße/Blumenstraße. Auf dem Transparent steht „Fort mit Schlange-Schöningen" – eine Kritik am Ernährungsdirektor der drei West-Besatzungszonen, dem CDU-Politiker Hans Schlange-Schöningen.

Als ein VW der britischen Besatzungsmacht durch den Zug fahren will, eskaliert die Situation. Später landet der Wagen in der Landskrone.
Einsender: Karl-Heinz Küpper

Hinweis an britische Fahrer

Im Namen des britischen Kommandanten warnt eine Inschrift auf Straßenbahnen vor dem Linksüberholen – auf Englisch. Die Warnung gilt den britischen Soldaten, die offenbar gern zu den riskanten Manövern ansetzen.

Einsender: Karl-Heinz Küpper

Paddeln auf dem Rhein

Alice Mannhardt unternimmt mit ihren Eltern in der Nachkriegszeit viele Paddeltouren. Die Familie hat einen Zeltplatz „Am Grind" auf der Benrath gegenüberliegenden Rheinseite gemietet. Vermieter war die Familie Schimmelpfennig, die auch die Fähre bediente. Dort paddelten sie sehr viel auf dem Rhein und unternahmen auch Touren zum Beispiel an die Mosel. „Die Wochenenden und der Urlaub wurden dort am ‚Grind' verbracht", erinnert sich Alice Mannhardt. Um zum Campingplatz zu gelangen, fuhr die Familie mit der Straßenbahn bis Benrath und setzte dann mit der Fähre „Pitt-Jupp" über.

Einsenderin: Alice Mannhardt

1950–1959

In den 50er-Jahren gibt es einen Bauboom in der Stadt, auch für die Familien wird das Wirtschaftswunder immer stärker spürbar. Fortuna-Torwart Toni Turek wird zum Helden von Bern.

Die Aluminiumbrücke über der Cecilienallee während der großen Verbraucher-Ausstelung „Alle sollen besser leben" (1953).

„Alle sollen besser leben"

Die 50er – das ist das Jahrzehnt des Aufschwungs. Die Wirtschaft brummt, die Auslagen der Geschäfte füllen sich, die Wohnungen werden geräumiger. Viele Familien leisten sich zum ersten Mal ein Auto, einen Fernseher oder einen LP-Spieler – und machen Fotos, auf denen sie stolz ihre Errungenschaften zeigen.

Die Stadt Düsseldorf bekommt unterdessen ein neues Gesicht. Stadtplaner Friedrich Tamms entwirft Ideen, die das Straßenbild bis heute entscheidend prägen. Der „Neuordnungsplan" sieht unter anderem vor, dass eine neue Nord-Süd-Verbindung durch die Stadt angelegt wird. Tamms ist Pragmatiker: Er bedauert die großflächige Zerstörung Düsseldorfs im Krieg, sieht sie aber auch als Chance, nun eine bessere Stadt zu planen.

Überhaupt sind die 50er in Düsseldorf ein Jahrzehnt des Bauens: Nord- und Südbrücke werden wieder errichtet, das Opernhaus wieder aufgebaut. Der Flughafen wird 1950 an die Deutschen übergeben und gewinnt an Bedeutung, denn das Fliegen wird erschwinglich.

Das Idol der Stadt ist in diesen Jahren der bescheiden gebliebene „Fußballgott" Toni Turek. Der Fortuna-Torhüter steht beim Finale der Weltmeisterschaft 1954 im Berner Wankdorf-Stadion im Tor – und lockt danach noch mehr Autogrammjäger auf das Trainingsgelände am Flinger Broich als zuvor. Als Motto der Zeit kann der Titel der Großen Rationalisierungsausstellung dienen, die 1953 in Düsseldorf ausgerichtet wird und 1,4 Millionen Besucher in den Ehrenhof lockt: „Alle sollen besser leben".

Chronik

1950	*Übergabe des Flughafens in deutsche Verwaltung*
1951	*Einweihung der wieder aufgebauten Südbrücke*
1951	*Gründung der Schauspielhaus GmbH*
1952	*Spatenstich zum neuen Rathaus*
1953	*Große Rationalisierungsausstellung „Alle sollen besser leben"*
1954	*Patenschaft über Danzig*
1955	*Baubeginn des Elektrizitätswerks auf der Lausward*
1956	*Eröffnung des Opernhauses nach Wiederaufbau und Umbau*
1956	*Eröffnung des Goethe-Museums*
1956	*Landung des ersten Düsenverkehrsflugzeugs*
1957	*Eröffnung der Nordbrücke*
1957	*Veröffentlichung des Leitplans für den Wiederaufbau*
1958	*Mannesmann-Hochhaus am Rhein*
1958	*Einweihung der neuen Synagoge an der Mauerstraße*

Der Verkehr nimmt zu

In den 1950er-Jahren entwickelte sich Düsseldorf nach dem Willen der Stadtplaner zur „autogerechten Stadt". Wie lebhaft es zu dieser Zeit auf den Straßen zuging, zeigt diese schöne Aufnahme vom Brehmplatz in Düsseltal.
Einsender: Wolfgang Teltz

Der Familienfuhrpark

Die 1950er-Jahre sind die Zeit des Wirtschaftswunders und damit auch des zunehmenden Wohlstands in den Familien. Hier zeigt die Familie von Einsenderin Sylvia Meinhold ihren Fuhrpark.
Einsenderin: Sylvia Meinhold

Einsenderin: Claudia Schumacher

Der erste LP-Spieler

Einsenderin Claudia Schumacher hört immer gern zu, wenn ihre Mutter von früher erzählt, und hat in alten Alben einige schöne „Fotoschätze" gefunden – zum Beispiel diesen hier. Mit diesem Bild dokumentiert der Fotograf im Jahr 1952 eine große Neuanschaffung der Eltern: der erste LP-Spieler. Der schöne Phonoschrank stammt vom Hersteller Loewe Opta – und bietet im Schränkchen Platz für die Vinyl-Sammlung.

Blick in Richtung Heerdt

Fast zeitlos wirkt diese tolle Aufnahme mit tief stehender Sonne, die am Rheinufer in Oberkassel mit Blick auf Heerdt aufgenommen wurde. Unglaublich, dass dieser schöne Moment schon mehr als 60 Jahre vergangen ist. Das Bild entstand 1951.

Einsenderin: Eva Junker

Toni Turek gibt Autogramme

1951 begann Einsender Leopold Thomas seinen Dienst bei der Auto Union. Drei Jahre später erlebte er dort einen Besuch des damals frischgebackenen Fußball-Weltmeisters Toni Turek, der sich sein Auto persönlich aus dem Werk abholte. Turek ist auf dem Bild nur von hinten zu sehen, dafür zeigt die Aufnahme wunderbar die Begeisterung der Düsseldorfer für ihr Sportidol: Zahlreiche Autogrammjäger erwarten Turek, darunter der Bruder des Einsenders (direkt links von Turek), der Vater (daneben mit Hut) und auch die Ehefrau von Leopold Thomas (Dame mit weißer Bluse, unten rechts) – so ist das Turek-Bild auch ein ganz besonderes Familienfoto. Auch Dieter Aretz ergatterte 1958 ein Autogramm von dem berühmten Torwart. „Meinem jungen…." schrieb Turek auf die Rückseite der Karte.

Einsender: Leopold Thomas

Neue Tankstelle an der Breiten Straße

Die Fotokamera ist meist in den schönen, entspannten Momenten des Lebens dabei. Aber oft sind es gerade Szenen aus der Arbeitswelt, die uns Einblick in die Stimmung vergangener Zeiten geben.

So zum Beispiel diese Bilder unserer Einsenderin Eva Klasen. Sie zeigen, wie sich ihr Vater Claus Kochen selbstständig macht: Im Alter von 30 Jahren eröffnet er 1951 eine Tankstelle an der Breiten Straße. Er beschäftigt anfangs 14 Angestellte. „Ich vermute, die Fotos sind am Eröffnungstag gemacht", schreibt Eva Klasen.

Er hat Benzin und eine spezielle Zweitaktmischung für Mopeds im Angebot und wäscht auch die Windschutzscheiben seiner Kunden. Die Presse ist am Eröffnungstag dabei: Der Reporter kommt auf einem Motorrad mit Sozius.

Einsenderin: Eva Klasen

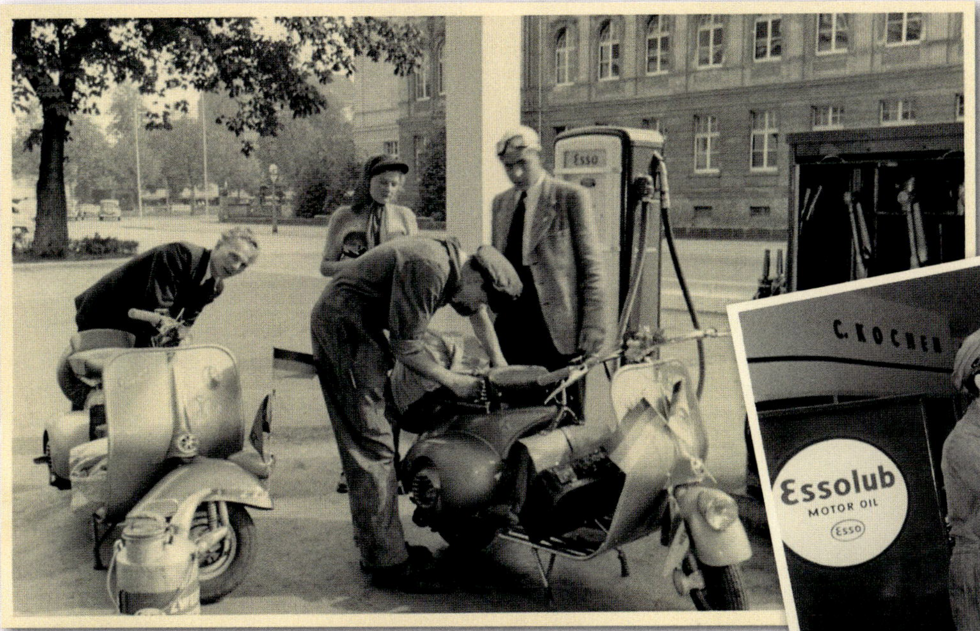
Esso

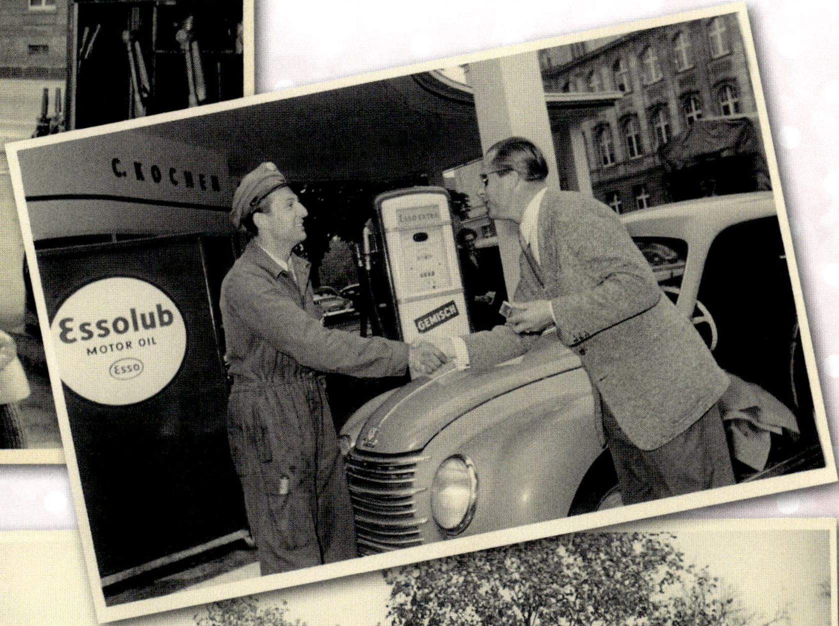
C. KOCHEN
Essolub
MOTOR OIL
Esso
GEMISCH

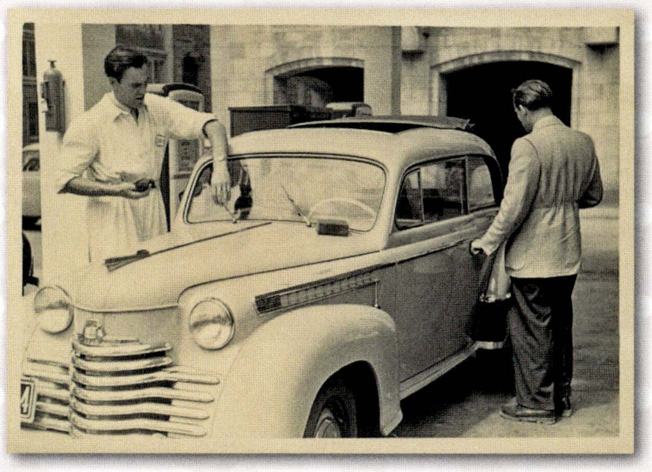

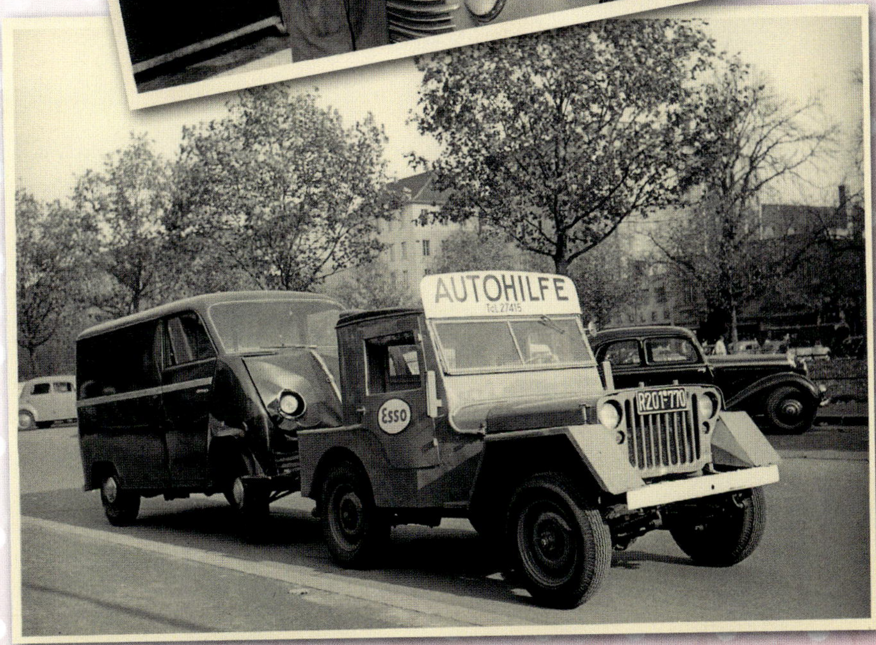
AUTOHILFE
Tel. 27415
Esso

Eröffnung mit kritischem Kunden

Auch der Vater von Einsenderin Claudia Schumacher macht sich selbstständig – in einem Geschäft mit doppelter Einnahmequelle. In den Friseursalon integriert er einen Tabakverkauf. Einer der ersten und ein besonders kritischer Kunde ist im Jahr 1957 sein Vater, der sich vom Sohn rasieren lässt. Man spürt beim Betrachten des Fotos nahezu die Nervosität der beiden.

Einsenderin: Claudia Schumacher

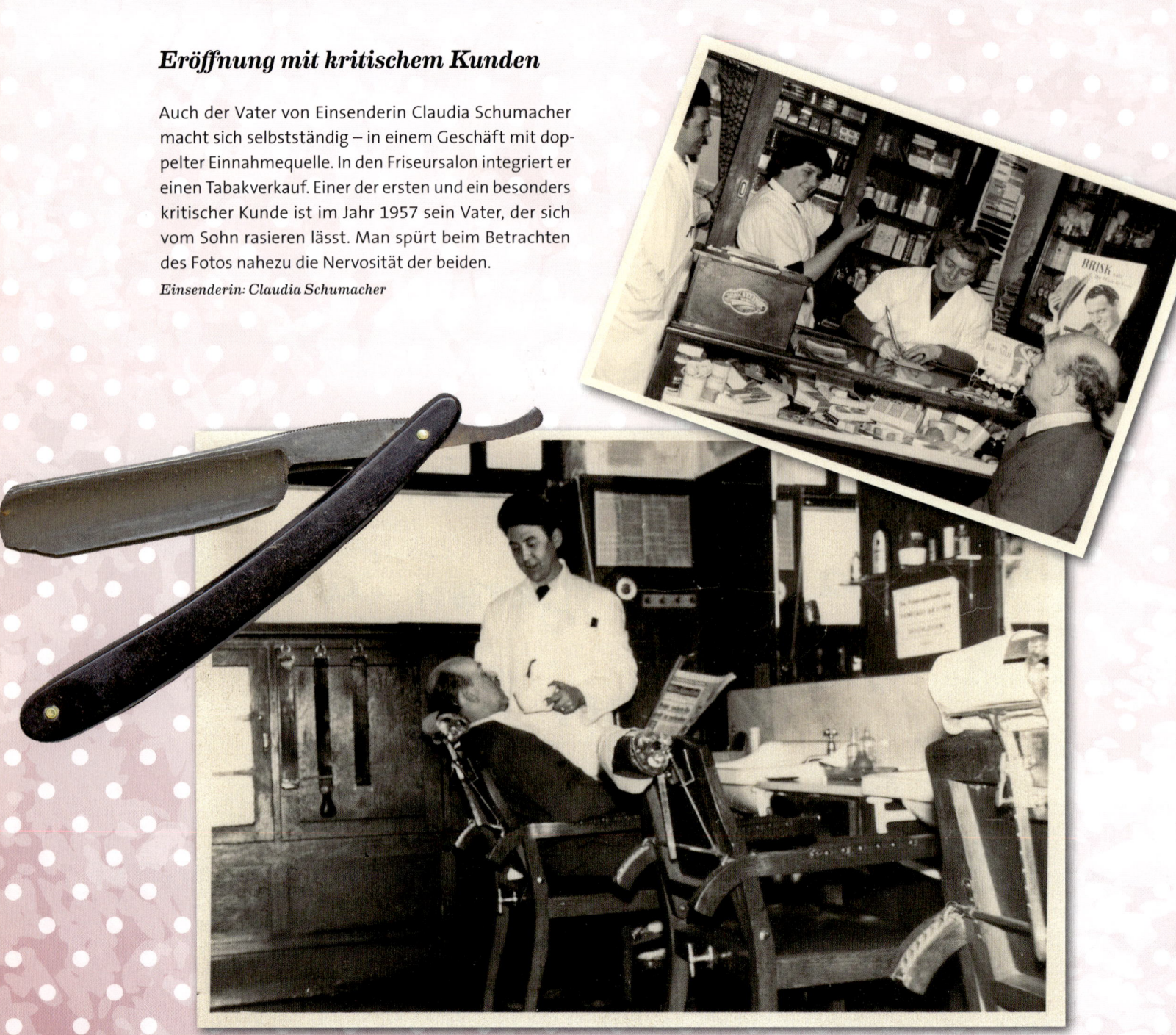

Die Auslagen sind gut gefüllt in dieser
Metzgerei. Das Bild stammt aus
dem Jahr 1952.
Einsenderin: Ricarda Kempa

Für den Spaß seiner Kollegen muss dieser Lehrling
1957 herhalten – aber er lacht über den komischen
Brauch mit.
Einsender: Klaus Baumann

Ein Cadillac erregt Aufsehen

Als Mitte der 50er-Jahre ein echter Cadillac auf der Corneliusstraße stand, erregte das großes Aufsehen. Manche, wie dieser junge Mann, ließen sich mit dem amerikanischen Straßenkreuzer fotografieren.
Einsender: Klaus Lückerath

Die Rheinkirmes

Auf der Kirmes hat sich eigentlich nicht viel verändert – diesen Eindruck hat man beim Anblick der Bilder, die Hartmut Schmidt eingesandt hat. Sie zeigen die Rheinkirmes im Jahr 1950, damals fand sie wie heute auf der Oberkasseler Festwiese statt. Ein Karussell wie die „Raketenfahrt zum Mond" gibt es heute unter anderem Namen immer noch, auch der Autoscooter ist immer noch eine Attraktion. Und das Gedränge, das war auch damals schon ordentlich. Leider etwas unscharf ist das Bild von den Preisboxern vor der Boxbude, die ebenfalls bis heute zum festen Programm auf den Rummelplätzen gehören.
Einsender: Hartmut Schmidt

Gripschen an Sankt Martin

Mit der Laterne zum „Gripschen" unterwegs sind diese Kinder Anfang der 50er-Jahre. Am Luegplatz in Oberkassel hoffen sie am Sankt-Martins-Abend auf eine gute Ausbeute. Einsender Hartmut Schmidt ist der Junge mit der Laterne.
Einsender: Hartmut Schmidt

Baby vor Ruinen

Auch wenn Mitte der 50er-Jahre der Wiederaufbau der Stadt schon weit fortgeschritten war, gehörten die Ruinen des Kriegs immer noch an vielen Stellen zum Straßenbild. Dies zeigt sich auch auf diesem Bild beim Blick vom Balkon an der Harleßstraße in Düsseltal mit Blick zum Zoopark. Zugleich freut sich die Familie über Nachwuchs. „Und neues Leben wächst aus den Ruinen", kommt deshalb Einsenderin Annie Schneider beim Betrachten des Fotos in den Sinn.
Einsenderin: Annie Schneider

Schüler zu Besuch

Mit 15 Jahren ist Einsender Manfred Hopp im Jahr 1957 das erste Mal in Düsseldorf bei seinem Vater zu Besuch. Der Schüler geht mit seinem Agfa Clack auf Fototour und knipst unter anderem die belebte Heinrich-Heine-Allee mit dem Wilhelm-Marx-Haus – und den auf diesem Bild verlassen wirkenden Hofgarten mit dem Jrönen Jong.
Einsender: Manfred Hopp

Abenteuer Fliegen

Ein Flugzeug zu besteigen ist im Jahr 1956 für die meisten Menschen noch alles andere als alltäglich. Das veranlasst Fotografen zu einer Geschäftsidee, die heute nicht mehr funktionieren würde: Sie schießen gegen Bezahlung Erinnerungsfotos von Flugpassagieren. Dieses Bild zeigt die Einsenderin Sylvia Meinhold beim Hinabschreiten der Gangway.

Sylvia Meinhold wird 1956 vom Flughafen-Fotografen geknipst. Einsenderin: Sylvia Meinhold

*Im Vergleich zu heute sieht der Flughafen 1957 klein aus.
Einsender: Manfred Hopp*

*Ein Hangar gehörte 1952 der Rheinrohr, die in Mülheim an der Ruhr ansässig war. Später ging das Unternehmen in der Mannesmann-AG auf.
Einsender: Hartmut Bauer*

*Auch die Boeing 377 Stratocruiser, das modernste Langstrecken-Passagierflugzeug dieser Zeit, verkehrte in Düsseldorf. Das Bild zeigt eine Maschine der Pan Am im Jahr 1950.
Einsender: Hartmut Bauer*

Der Flughafen wächst

In den 50er-Jahren wird Fliegen erschwinglicher – und der Flughafen Düsseldorf gewinnt an Bedeutung. 1949 hatten ihn die Alliierten für die zivile Luftfahrt freigegeben, ein Jahr später wird er in deutsche Verwaltung übergeben.

Bereits 1952 zählt der Airport 120.000 Passagiere pro Jahr, eine Zahl, die kontinuierlich steigen wird. Im selben Jahr wird die Hauptstartbahn auf 2.475 Meter verlängert. Das ist nur die erste von vielen Erweiterungen und Modernisierungen der kommenden Jahrzehnte.

Auf viele Düsseldorfer übt der Flughafen in den 1950er-Jahren eine besondere Faszination aus, denn der Personenverkehr in der Luft ist damals noch nicht so alltäglich wie heute. Manche bestaunen bei einem Ausflug zum Airport von Weitem die großen Passagiermaschinen oder schießen Fotos von berühmten Modellen der Zeit wie der Boeing 377 Stratocruiser. Andere besteigen in diesen Jahren zum ersten Mal selbst ein Flugzeug – ein besonderes Erlebnis, das in Erinnerung bleibt.

Mitte der 50er-Jahre waren noch Dampfloks unterwegs, wie auf diesem Bild, das von der Eisenbahnbrücke am Wehrhahn aufgenommen ist. Im Hintergrund sieht man die Häuser der Birkenstraße. Einsender: Hartmut Bauer

Eindrücke aus den 1950er-Jahren

Hartmut Bauer startete im Jahr 1954 seine Ausbildung zum Fotolaboranten. Zu dieser Zeit war er häufig mit der Kamera in der Stadt unterwegs – und hatte ein sehr gutes Auge für Motive, wie die Serie von Bildern beweist, die er für die „Fotoschätze"-Aktion eingesandt hat. Die Fotos zeigen, wie sich die Stadt verändert hat, aber auch, was knapp 60 Jahre später noch Bestand hat – oder der damaligen Zeit sogar ähnlicher sieht als noch vor Kurzem. So entstand das Bild mit der Johanneskirche vor dem Bau des „Tausendfüßlers", der inzwischen wieder aus dem Stadtbild verschwunden ist.

Ein Blick aus dem Fenster auf die winterliche Lindenstraße in Flingern (ca. 1956).

Blick auf die Johannes-Kirche aus dem Haus Schadowstraße 39, damals „Foto Tucht".

Noch ganz anders als heute sieht die Schadowstraße zu jener Zeit aus. An dieser Ecke war damals die Filiale von Peek und Cloppenburg.

Zeitungsleser

Die Auseinandersetzung mit der Sowjetunion, die Wiederbewaffnung Deutschlands, längere Ladenöffnungszeiten – das sind Themen, über die in Deutschland im Jahr 1955 diskutiert wird. Der 20-jährige Walter, der spätere Mann von Einsenderin Gudrun Krüger, informiert sich damals in der Rheinischen Post, die seine Frau auch fast 60 Jahre später noch immer begeistert liest.
Einsenderin: Gudrun Krüger

Jazz im „New Orleans"

In einem Club an der Königstraße trifft sich in den 1950er-Jahren die rege Jazz-Szene in Düsseldorf. Im „New Orleans" sind auch immer wieder namhafte Künstler zu Gast. 1955 gibt sich „Fatty George die Ehre", der eigentlich Franz Georg Pressler heißt. Der Klarinettist aus Österreich (3. v. links) gehört zu den bedeutenden europäischen Jazz-Musikern der Zeit.
Einsender: Klaus Baumann

Erster Schultag

Für Heinz Bröckerhoff beginnt 1959 der Ernst des Lebens, ganz klassisch mit der Schultüte. Zur Schule kutschiert wird der Junge mit einer hübschen Isetta, wie die Eltern mit diesem Foto dokumentieren.

Einsender: Heinz Bröckerhoff

Einsenderin: Annette Giesel

Spielen auf dem Bürgersteig

Mehrere Einsender haben der Rheinischen Post für die „Fotoschätze"-Aktion solche Bilder geschickt: spielende Kinder auf einem Bürgersteig. In den 1950er-Jahren ist es noch viel üblicher als heute, dass der Nachwuchs an und auf der Straße spielt. Der Verkehr ist damals noch nicht so stark, die Wohnungen sind kleiner und die Eltern sind vielleicht noch nicht so ängstlich wie ihre heutigen Nachfahren. Dieses Bild, das uns Annette Giesel geschickt hat, wurde 1957 auf der Merowingerstraße in Bilk geschossen.

Einsender: Klaus Lückerath

Kinderstar im Kö-Café

Der Kinofilm „Toxi" war im Jahr 1952 ein Kassenschlager. Er erzählte erstmals eine Geschichte um ein Kind eines dunkelhäutigen amerikanischen Besatzungssoldaten und einer deutschen Mutter. Kurz nachdem der Film in die Kinos kam, waren Kinderstar Elfie Fiegert und Schauspielerin Ingeborg Körner im Café Hemesath auf der Königsallee zu Gast – und wurden von vielen Bewunderern bestaunt.

Sportstadt Düsseldorf

An zwei Sehnsuchtsorte erinnern sich die Sportfans in Düsseldorf: an das Eisstadion an der Brehmstraße, das als (damals noch nicht überdachtes) Ausflugsziel und natürlich als Spielstätte der DEG geliebt wurde – und an das 2002 abgerissene Rheinstadion, in dem Sportfeste aller Art und die Spiele der Fortuna und auch häufig der Fußball-Nationalmannschaft ausgerichtet wurden.

In dem Stadion wurde sogar geschwommen: Inge Krauss, damals eifriges Mitglied der Freien Schwimmer, trat in der „Sportwoche" 1953 mit ihrer Mannschaft im Synchronschwimmen an und schwamm einen „Reigen". Das Ende in der Figurenabfolge bildete die sogenannte Qualle, die wie eine Harmonika zusammen- und auseinandergezogen wurde und in einer Aufnahme vom Sprungturm festgehalten wurde.

Der Höhepunkt der Figurenabfolge: die „Qualle".

Die Synchronmannschaft der Freien Schwimmer im Rheinstadion. Einsenderin: Inge Krauss

*Auch Leichtathleten trafen sich im Rheinstadion.
Einsenderin: Ricarda Kempa*

*Das Eisstadion an der Brehmstraße, das damals noch
nicht überdacht war, war auch in jenen Tagen schon Treffpunkt zum Eislaufen.
Einsenderin: Helga Velten-Neferanovich*

Einsender: Günther Machtan

Die Posse um die Weihnachtsbeleuchtung

Im Jahr 1953 leisten sich Stadt und Einzelhändler an der Königsallee eine prächtige neue Weihnachtsbeleuchtung. Den Düsseldorfern bleibt sie vor allem wegen eines Hundes in Erinnerung. Der hebt beim abendlichen Einkauf mit seinem Herrchen sein Bein, weil er sich an einem Baum wähnt – und erleidet einen Stromschlag, der ihn ohnmächtig werden lässt. Denn er hat keinen Baum, sondern einen mit Tannengrün umwundenen Fuß der Weihnachtsbeleuchtung erwischt, der nicht richtig isoliert ist.

Die Polizei legt die Weihnachtsbeleuchtung daraufhin erst einmal still und lässt sie neu isolieren. Auch wegen dieser Mehrkosten verzichtet man schon im Jahr danach wieder auf den prächtigen Schmuck.

*Einsender:
Karl-Heinz Balkhausen*

Jungen verschenken Geld

Mit einer kuriosen Geschichte kam Karl-Heinz Balkhausen Anfang der 50er-Jahre in die Zeitung: Der Junge (links im Bild) und seine Freunde verschenken an der Himmelgeister Straße 30.000 DM an Fremde, ohne sich bewusst zu sein, wie viel Geld das ist.

Die Geschichte beginnt damit, dass die Jungs im Lager eines Schrotthändlers stöbern. Dabei fällt ihnen eine Metallrolle auf, aus der zunächst mehrere Packungen amerikanischer Zigaretten fallen. Dann folgt ein Päckchen mit 50-DM-Scheinen. Karl-Heinz Balkhausen kann sich noch genau an das Gefühl erinnern, als er das Pergamentpapier in der Hand hielt. Das Geld stammt aus dem Nachlass eines unbekannten Verstorbenen.

Ein Zeitungsfotograf, der Balkhausen Jahre später das Foto überlässt, ist zufällig in der Nähe und sieht die Jungs, als sie das Geld verteilen. Er lässt die Gruppe vor seine Kamera antreten mit dem wertvollen Fund.

Insgesamt sollen in der Rolle 30.000 DM gewesen sein. Die Polizei kann aber nur noch 3.000 DM sicherstellen – den Rest haben die Jungs unters Volk verteilt.

1960–1968

In den 60ern baut Düsseldorf wirtschaftlich und international seine Position aus. Neue Bauten entstehen. Die Menschen sind gern draußen unterwegs, schauen sich die Stadt an – und bejubeln 1965 die englische Königin.

Der „Tausendfüßler" wird am 5. Mai 1962 für den Verkehr geöffnet.

Die bunten 60er

Die 1960er-Jahre sind für die Entwicklung der Stadt sehr ereignisreiche Jahre. Stadtarchitektonische Planungen und Bauten aus dieser Zeit prägen das Stadtbild bis heute. Dazu gehören zum Beispiel das Schauspielhaus, das Dreischeibenhaus, die Berliner Allee, neue Verkehrswege, Fußgänger-Passagen und der Jan-Wellem-Platz oder der „Tausendfüßler", die beide heute nicht mehr existieren, aber noch in den Erinnerungen der Menschen stark verankert sind.

Die 60er-Jahre gelten auch als Jahre, in denen Düsseldorf wirtschaftlich und international seine Position ausbauen kann. Bekannte Werbekampagnen starten, von kreativen Köpfen ausgedacht, von hier aus ihre Siegeszüge durch die Welt. Kunst- und Kulturveranstaltungen, Fachmessen und auch sportliche Ereignisse demonstrieren das großstädtische Flair: Nicht zu vergessen ist, dass in diesen Jahren auch zahlreiche Protestbewegungen für Unruhe in diesem Großstadtgefüge sorgen.

Die Ära der Shopping-Center beginnt Mitte der 60er in Düsseldorf. Im Süden der Stadt wird mit Garath sogar ein ganz neuer Stadtteil aus dem Boden gestampft. Mit dem Ende der 1960er-Jahre ist auch der Wiederaufbau der Stadt nach dem Zweiten Weltkrieg abgeschlossen.

Die „Fotoschätze" zeigen, wie lebendig die Stadt ist. Die Menschen sind gern draußen unterwegs und sie lichten sich ab mit dem Statussymbol Auto oder vor den neuen Bauten der Zeit. Sie bejubeln die englische Königin in der Bolkerstraße genauso wie den Deutschen Eishockeymeister an der Brehmstraße oder einen Ballonstart am Staufenplatz. Die Lebenslust in der Stadt macht in den 1960ern Lust auf weiteres Wachstum: Eine U-Bahn wird geplant und die Stadtplaner träumen schon von einer Million Einwohnern.

Chronik

1960	*Einweihung Berliner Allee*
1960	*Fertigstellung Dreischeibenhochhaus*
1960	*Theodor Heuss (Altbundespräsident) wird Ehrenbürger*
1961	*Protestmarsch gegen geplante Hofgarten-Verkleinerung*
1961	*Erster Spatenstich für den Stadtteil Garath*
1961	*Eröffnung „Große Kunstausstellung 1961"*
1961	*Deutsche Leichtathletik-Meisterschaften, Rheinstadion*
1962	*Fertigstellung der neuen Messe- und Kongresshalle an der Fischerstraße*
1962	*Einweihung „Tausendfüßler" Erster Fußgängertunnel: Worringer Platz*
1962	*Staatspräsident Charles de Gaulle besucht Düsseldorf*
1962	*Verkehrsanlagen am Jan-Wellem-Platz eröffnet*
1963	*Eröffnung Selbstwählferndienst Düsseldorf–Paris*
1963	*Ostpreußentreffen*
1963	*675-Jahr-Feier, Neuaufstellung des Bergischen Löwen an der Königsallee*
1964	*Baubeginn des neuen Rathauses*
1964	*Deutschland siegt im Rochusclub gegen die UdSSR beim Davis-Cup*
1965	*Grundsteinlegung für neues Düsseldorfer Schauspielhaus*
1965	*Königin Elizabeth II. besucht Düsseldorf*
1965	*Medizinische Akademie wird Universität*
1966	*Beluga-Wal wird im Rhein gesichtet*
1966	*Wellenbad Grünstraße eröffnet*
1967	*DEG wird Deutscher Eishockey-Meister*
1967	*Eröffnung der neuen Kunsthalle*
1967	*Eröffnung „Kö-Center"*
1968	*Studentendemos legen Verkehr lahm (Hochschulgesetz)*
1968	*Stadtrat beschließt den Bau einer U-Bahn*
1969	*Einweihung Rheinkniebrücke*
1969	*Kunstakademie wird vorübergehend wegen Studentenprotesten geschlossen*
1969	*Grundstein für neue Messe in Stockum*
1969	*Letzte Aufführung im alten Schauspielhaus Jahnstraße*

Die Bahnhofsgegend

Dieses Bild ist Anfang der 60er-Jahre vom Hochhaus an der Kurfürstenstraße aufgenommen. Im Hintergrund ist der Hauptbahnhof zu sehen, links das heutige Postamt und trotzdem sieht die Gegend heute ganz anders aus.

Einsender: Ernst F. Wolter

Frauen mit Fiat

Dies ist ein besonderer Fiat. Ein Fiat 500, bei dem man Zwischengas im ersten Gang geben kann. Die Tür geht nach vorne auf! Und die Einsenderin Gertrud Könnemann liebt ihn und nimmt ihn mit auf Erinnerungsfotos an verschiedenen Stellen der Stadt. Jahre später muss sie heulen, als sie sich von ihm trennt.

Nur mit einer kleinen List konnte sie Besitzerin des Wagens werden. Sie wollte ihn in Neuss kaufen und trampte dazu mit der Freundin, die auch auf den Bildern zu sehen ist, über den Rhein. Der Wagen sollte 1.000 DM kosten, aber die Frauen hatten sich vorgenommen, den Preis runterzuhandeln, denn Frau Könnemann hatte nur 900 DM in der Tasche. Glücklicherweise wurden sie beim Trampen von Automechanikern mitgenommen. Die hatten die Idee, dass sie beim Kauf am Fiat einen „Mechanik-Fehler" entdecken ... so ließ sich der Preis auf 900 DM runterhandeln – und die Zeit mit dem geliebten Fiat 500 konnte beginnen.

Parken auf dem Rathausplatz in den 60. Jahren = kein Problem

Hintergrund: Hafenbecken Kniebrücke noch in Planung ca. 1963/64

Links Baubeginn der Kniebrücke in Oberkassel 1965

Einsenderin: Gertrud Könnemann

Silvester im Steigenberger

Ein Gruppenfoto mit Glücksschwein, aufgenommen Silvester 1962 im Steigenberger Parkhotel mit dem Küchen- und Servicepersonal. Dort feierte Einsender Benedict de Maria den Jahreswechsel – und erinnert sich gern daran zurück.

Einsender: Benedict de Maria

Blick ins Wohnzimmer

Der Mittelpunkt des Familienlebens. „Diese Fotos von 1961 zeigen unser Wohnzimmer in der Mauerstraße", erinnert sich Einsenderin Annie Schneider. „Seit 1959 hatten wir einen Fernseher, die Einrichtung sonst stammt von 1954. Die Tischdecke ist übrigens selbst gestickt, wie etliche andere Aussteuerteile meiner Mutter auch."
Einsenderin: Annie Schneider

Der „Goldfinger"

Rheinische Post Leserin Melitta Dausend hat anlässlich der „Fotoschätze"-Aktion nachgefragt, was eigentlich aus dem „Goldfinger"-Brunnen geworden ist. 1965 wurde er nach einem Entwurf von Kurt Link aus Bronze und Waschbeton angefertigt. Anlässlich der Neugestaltung des ehemaligen Jan-Wellem-Platzes stellte man den Brunnen auf der Tuchtinsel/Schadowstraße auf, direkt in der Nähe der unterirdischen Toilettenanlagen.

2008 wurde der Brunnen wegen des großen U-Bahn-Baus der „Wehrhahn-Linie" abgebaut. Von dem Waschbeton-Becken, an dem sich Generationen von Fußgängern an heißen Tagen erfrischten, wurde eine Art Matrize abgenommen, um das Becken später wieder neu zu bauen. Das Element der Bronze-Säule wurde eingelagert, die Georg Zacharias GmbH hat die Brunnen-Patenschaft übernommen. Ob dieses Kunstwerk im Stil der 60er-Jahre wirklich noch einmal im Stadtbild zu sehen sein wird? Wer weiß.

Einsender: Archiv Thomas Bernhardt

Diakonissen am Rhein

Theodor Fliedner und die Diakonie-Bewegung gehören zu Düsseldorfs Geschichte. Eine wunderbare Aufnahme von zwei Diakonissen beim Entspannen am Rhein gelingt Einsenderin Inge Sauer im Jahr 1968.

Einsenderin: Inge Sauer

Die Queen auf der Bolkerstraße vor dem Ausflugslokal und Konzert-Tanzgaststätte „Zillertal"
Einsenderin: Eva Klasen

Die Queen in Düsseldorf

Am 25. Mai 1965 besucht Königin Elizabeth II. während ihres Staatsbesuchs auch Düsseldorf. Oberbürgermeister Willi Becker empfängt sie und Prinz Philip. Die Queen fährt mit ihrer Staatskarosse unter anderem durch die Bolkerstraße, am Parkhotel vorbei und über die Kölner Landstraße. Tausende Anhänger jubeln der populären Königin zu und zücken natürlich auch ihre Kameras.

Die Queen mit Oberbürgermeister Willi Becker.

Wilde Jahre an der Akademie

Als Joseph Beuys und andere Künstler an der Akademie im Jahr 1968 mit den „Lidl"-Aktionen die Revolte proben und zum Nachdenken über das Verhältnis von Kunst und Politik aufrufen, ist die 19-jährige Inge Sauer als faszinierte Zuschauerin dabei – und hat ihre Fotokamera mit. Unter den Künstlern zieht damals der Geist der 68er ein: Jörg Immendorff wird für die aufmüpfigen „Lidl"-Aktionen sogar von der Akademie verwiesen.

Wenn sich Inge Sauer heute ihre Bilder von damals anschaut, faszinieren sie vor allem die Aufnahmen der Menschen in der Umgebung, die sie bei dieser Gelegenheit auch gemacht hat. „Die Künstler haben sich seit damals im Grunde kaum verändert", meint sie (Seiten 160 und 161). „Aber die Altstadt sah ganz anders aus."

Sauer erinnert sich, dass die Menschen in der Nachbarschaft sich die wilden Künstler damals gelassen anschauten – vielleicht, weil sie schon an der Akademie so viele Generationen von Studenten hatten kommen und gehen sehen. Die Fotografien von Inge Sauer sind Teil des AFORK (Archiv künstlerischer Fotografie der rheinischen Kunstszene) im Museum Kunstpalast.

Einsenderin: Inge Sauer

Joseph Beuys (mit Hut) vor dem Eingang der Akademie

Der Eingang der Künstlerkneipe Kreuzherrenecke an der Ursulinengasse.

Blick auf die gegenüberliegende Seite – die Anwohner lassen sich von der Kunstaktion nicht beeindrucken.

Die Lieblingsmotive der Düsseldorfer

Der zugefrorene Rhein

Kein Motiv haben die RP-Leser häufiger eingesandt als den vereisten Rhein – ein seltenes Wetterphänomen, das jedes Mal unzählige Schaulustige anzog. Das letzte Eis auf dem Rhein liegt viele Jahre zurück.

Der zugefrorene Rhein

Die Düsseldorfer haben eine große Faszination für den Rhein – und es gibt kaum Ereignisse in der Stadtgeschichte, die sie so beeindruckt haben wie die seltenen Momente, als der Fluss zugefroren war. Kein anderes Motiv wurde von den RP-Lesern bei der „Fotoschätze"-Aktion häufiger eingesandt als Bilder aus den wenigen Wintern, als man zu Fuß zwischen Linksrheinischem und Innenstadt wechseln konnte – wenn man sich über alle Warnungen vor der dünnen Eisdecke hinwegsetzte.

Dieses Wetterphänomen ist sehr selten – auch deshalb sind die Bilder so besonders. Während der Fluss noch bis ins 19. Jahrhundert alle paar Jahre zufror, gab es in den vergangenen 100 Jahren nur in vier Wintern Eis auf dem Rhein in Düsseldorf: 1928/29, 1941/42 und dann im „Hungerwinter" 1946/47, als der Niederrhein wegen Eis ganze 58 Tage für Schiffe gesperrt war – ein Rekord, der in der schwierigen Versorgungslage der Nachkriegszeit für zusätzliche Probleme sorgte.

Auch das letzte Mal, als der Rhein vereist war, liegt lange zurück. 1962, vor mehr als 50 Jahren, fror der Fluss noch einmal zu. Unzählige Besucher sahen sich dieses Naturschauspiel an und nutzten die Gelegenheit für einen Spaziergang über das Eis.

Dass die Düsseldorfer bald noch einmal ohne Brücke über den Rhein gehen können, ist unwahrscheinlich. Die Abwässer aus Kühlanlagen von Industrie und Kraftwerken haben die Wassertemperatur erhöht. Deshalb müsste es schon lange Zeit sehr kalt sein, damit der Fluss noch einmal zufriert. Es ist aber Wissenschaftlern zufolge nicht völlig ausgeschlossen – bis dahin erinnern uns Fotos an diese besonderen Momente.

*Ein Spaziergang von der Tonhalle auf die Niederkasseler Rheinwiese – und das ohne Brücke.
Diese seltene Gelegenheit nutzen im Winter 1941/42 viele Düsseldorfer.
Einsender: Hartmut Schmidt*

Familienausflug auf den Rhein

Der Spaziergang auf dem zugefrorenen Rhein im Januar 1942 ist Hildegard Vonnahme gut im Gedächtnis geblieben. Sie ist auf dem Foto in der Mitte zwischen ihren beiden Schwestern und mit der Mutter zu sehen. „Ich erinnere mich noch genau an diese aufregende Situation: über die quer aufgeschichteten Eisschollen gehend, hin und wieder eine Spalte mit tief gurgelndem Wasser", schreibt sie. Um die Gefahren dieses Ausflugs wissen die Düsseldorfer natürlich auch damals – trotzdem lassen sich viele nicht abhalten. „Das Betreten war natürlich verboten!", erinnert sich Hildegard Vonnahme.

Einsenderin: Hildegard Vonnahme

Im Jahr 1928/29 erlebt Düsseldorf den härtesten Winter seit 70 Jahren – und den ersten seit 1895, in dem sich Eis auf dem Rhein bildet. Viele Fotografen halten dieses Ereignis fest.
Einsenderin: Ulrike Holzmüller

So sieht die Altstadt im Winter 1941/42 aus.
Einsender: Hartmut Schmidt

Winteridylle in der Großstadt

Wie zauberhaft der vereiste Rhein den Düsseldorfern vorgekommen sein muss, zeigt die gelungene Aufnahme aus dem Jahr 1941, die Rita Girps besitzt. Große Eisstücke liegen auf zugefrorenen Fluss, die Fußgänger laufen kreuz und quer über das Eis. Die beiden Väter mit ihren Söhnen, die zwölf Jahre zuvor auf das Eis gehen, bringen sogar einen Schlitten mit. Die Schiffsführer werden damals weniger Sinn für die Schönheit des strengen Winters gehabt haben. Sie waren zu einer Pause gezwungen, bis der Fluss sich endlich wieder von der Eisschicht befreit hatte.

Einsenderin: Rita Girps

*Nichts geht mehr für dieses Schiff, das im Februar 1929 auf der Höhe des Hafens im Eis feststeckt.
Einsenderin: Ulrike Holzmüller*

*Einen Schlitten nehmen diese beiden Väter mit ihren Söhnen im Jahr 1928 zum Spaziergang auf dem vereisten Rhein mit.
Einsenderin: Ingrid Schmitz*

Das bislang letzte Mal, dass der Rhein zufriert, ist im Winter 1962/63.
Einsender: Hartmut Bauer

Auch in den 1960er-Jahren ist das Eis eine große Attraktion, die viele Schaulustige anzieht.
Einsender: Achim Rothe

Hofgarten und Ehrenhof

Generationen von Düsseldorfern besuchten mit der Familie den Hofgarten mit seiner Mischung aus Natur und Kunst. In den 1920er-Jahren kam mit dem Ehrenhof ein außergewöhnliches Bauensemble hinzu – vor dem man sich ebenfalls gern fotografieren ließ.

Hofgarten und Ehrenhof

Der Sonntagsspaziergang ist in vielen Familien Tradition, früher noch mehr als heute. Mit dem Hofgarten verfügt Düsseldorf schon seit mehr als 200 Jahren über ein perfektes Ziel für einen solchen Kurzausflug: Die immer wieder umgestaltete Gartenanlage im Zentrum der Stadt ist der älteste Volksgarten Deutschlands und seit jeher Standort für viele Skulpturen. Kein Wunder, dass bei den entspannten Zusammenkünften der Familie die Fotokamera oft dabei ist. Auch für Hobbyfotografen, die einen Streifzug durch die Stadt machen, ist der Hofgarten ein beliebtes Ziel – und gehört zu den am meisten eingesandten Motiven der „Fotoschätze"-Aktion.

Zwei der vielen Skulpturen haben es den Düsseldorfern offenbar besonders angetan. Das ist zum einen der von Max Blondat 1904 geschaffene Märchenbrunnen mit den drei sitzenden Kindern, die sich drei Frösche ansehen. Die älteren Fotos zeigen die Kinder noch im Original in weißem Marmor. Erst 1985 wurde das empfindliche Material durch ein bronzenes, dunkles Duplikat ersetzt.

Das andere häufig eingesandte Kunstwerk ist der „röhrende Hirsch" von Josef Pallenberg, der ebenfalls aus der Zeit kurz nach der Jahrhundertwende zum 20. Jahrhundert stammt. Seit mehr als 100 Jahren stößt er im Hofgarten seinen Brunftschrei aus – und gehört für viele Bürger dieser Stadt offenbar zu den liebsten Kunstwerken. Der Hirsch ist für viele Aufnahmen zu haben: als – immer geduldiges – Modell für Kunstfotos, als Muss auf einem fotografischen Spaziergang zu den Sehenswürdigkeiten, als Hintergrund für ein Familienfoto. Die Bilder zeigen auch, dass der Hirsch gewandert ist: Von 1908 an stand er vor dem Hofgärtnerhaus, in dem heute das Theatermuseum untergebracht ist. Nachdem die Skulptur im Krieg fast als Metallspende eingeschmolzen worden war, wurde sie 1957 in hochwertiger Bronze neu gegossen und im Hofgarten in Richtung Kaiserstraße aufgestellt.

Mit dem Ehrenhof erhielt Düsseldorf in den 1920er-Jahren ein modernes Gesicht. Das nach den Plänen des Architekten Wilhelm Kreis für die Gesundheitsmesse „GeSoLei" 1925/26 gestaltete Ensemble blieb auch nach der Messe ein beliebtes Ausflugsziel und Fotomotiv.

*Ein kunstvolles Bild vom „röhrenden Hirsch" im Gegenlicht aus dem Jahr 1951 hat uns Eva Junker geschickt.
Einsenderin: Eva Junker*

Der „röhrende Hirsch"

Auf der Aufnahme, die Manfred Sieberling eingesandt hat, steht der Hirsch noch an seinem alten Standort vor dem heutigen Theatermuseum. Sie stammt aus den 1930er-Jahren. Auf dem Bild von Ursula Pollmanns ist der Hirsch an seinem neuen Platz im Hofgarten im Jahr 1949 mit einer Mutter mit Kinderwagen zu sehen.

Einsenderin: Ursula Pollmanns

Einsender: Manfred Sieberling

Das Dreischeibenhaus

1960 wird mit dem Dreischeibenhaus eines der berühmtesten Gebäude der Stadt fertiggestellt – und dient auch als Hintergrund für Fotos. „Mein toller Kinderwagen mit meiner stolzen Mutter im Hofgarten", schreibt Einsenderin Sabine Heydrich zu diesem Bild.

Einsenderin: Sabine Heydrich

Ausflug zum Ananasberg

Diese Familie besucht in den 1920er-Jahren die Gaststätte auf dem Ananasberg, damals ein beliebtes Ausflugsziel. Der Hügel im Hofgarten verdankt seine Entstehung der Entfestigung der Stadt durch die Franzosen 1801. Aus dem Schutt der Befestigungsanlagen wurde der Hügel angelegt. 1835 eröffnete Hofkonditor Franz Geisler das Restaurant. Sein Förderer war Prinzen Friedrich von Preussen, der die Ananasbowle des Konditors liebte. So schmückte das Gebäude eine große Ananas, die Gastronomie und Hügel den Namen gab. In den 1920er Jahren war das Restaurant, das inzwischen neu gebaut worden war, für die gehobene Gesellschaft reserviert. 1942 wurde die Gaststätte bei einem Bombenangriff und nach dem Krieg nicht wieder aufgebaut.

Einsenderin: Gerda Becker

Schlittschuhlaufen beim Jrönen Jong

Zu den beliebtesten Skulpturen im Hofgarten gehört auch der Jröne Jong. Auf den Bildern von Einsenderin Helga Beyerlein sieht man ihn im Jahr 1942 in ungewohntem Umfeld: Der Brunnen ist zugefroren und dient Kindern als Fläche zum Eislaufen. So kann man den Grünen Jungen ausnahmsweise aus nächster Nähe betrachten.

Einsenderin: Helga Beyerlein

Der Märchenbrunnen

Gerade bei Kindern ist der Jugendstilbrunnen im Hofgarten beliebt – gestern wie heute. Auf beiden Bildern sieht man das heute eingelagerte Original aus weißem Marmor; inzwischen sind die Figuren schwarz. Das ältere Bild zeigt Mutter und Kind 1934 oder 1935 vor dem Brunnen. Das andere Bild ist mehr als 20 Jahre später 1958 entstanden. „Sonntagsspaziergang im Hofgarten", erinnert sich Einsenderin Annette Giesel.

Einsenderin: Helga Beyerlein

Einsenderin: Annette Giesel

Mit Kutsche kommt diese Familie im Jahr 1929.
Einsenderin: Doris Penack

Der Ehrenhof

Vor allem um 1930, als das Ensemble ganz neu ist, schauen sich viele Ausflügler den Ehrenhof an. Diese Familie macht sogar eine Kutschtour zu dem Prachtbau, auf den die Stadt damals stolz ist und der heute einige der herausragenden Kultureinrichtungen Düsseldorfs beherbergt.

Ein schönes Bild von einem Frauenausflug 1929 in den Ehrenhof hat uns Rolf Dittmar geschickt.
Einsender: Rolf Dittmar

Auch diese Familie schaut sich das neue Ensemble an, im Hintergrund das Planetarium, in dem heute die Tonhalle untergebracht ist.
Einsenderin: Margarete Liebl

*Diese Familie wählte ebenfalls das Planetarium als Hintergrund.
Einsenderin: Helga Beyerlein*

*Ein Familienausflug im Jahr 1932, im Hintergrund das Gebäude, in dem heute das Museum Kunstpalast untergebracht ist.
Einsenderin: Inge Kornmeier*

Der Karneval

Kostüme, Umzüge, fröhliche Stunden – kein Wunder, dass beim Karneval die Fotokamera immer dabei ist. So entstanden unzählige Aufnahmen, die erzählen, wie sich das Winterbrauchtum entwickelt hat.

189

Der Karneval

Karneval und die Lust, in andere Rollen zu schlüpfen, hat der Düsseldorfer im Blut, und die schönsten Stunden aus den wilden Tagen sollen Jahrzehnte später beim Blättern durchs Fotoalbum wieder in den Sinn kommen. Nicht nur die Rosenmontagsumzüge oder die großen Festveranstaltungen in den Häusern bleiben durch unzählige Bilder im Gedächtnis, sondern auch die vielen kleinen Feste in den Stadtteilen und die Sitzungen der Vereine, für welche die Session schon ab dem 11.11. an jedem Wochenende in vollem Gang ist. Die Karnevalsverkleidung steht als Fotomotiv besonders hoch im Kurs, das gilt für die 1930er-Jahre wie für unsere heutige Zeit. Diese Bilder verdeutlichen den besonderen Charme des Karnevals: Man kann die geliebten, aber auch die weniger geliebten oder als Vorgesetzte gefürchteten Menschen einmal ganz anders und weniger offiziell erleben, und man darf über sie lachen – zumindest in Maßen. Kein Wunder, dass diese Momente gern abgebildet werden. Zu den liebsten „Fotoschätzen" vieler Eltern und Großeltern gehören die Bilder aus der Zeit, als die Kinder noch klein waren – und niedlich kostümiert als Rotkäppchen, Marienkäfer oder Cowboy.

Eine fröhliche Gruppe beim Zoch, 1934.
Einsenderin: Alice Mannhardt

Der Turnverein Oberkassel feiert Karneval. Die Aufnahme entstand 1938 oder 1939. Einsenderin: Marianne Volke

Frohe Stunden im Jahr 1938. Einsenderin: Marianne Speckamp

Karneval in den 1930er-Jahren

Auch in der Nazi-Zeit wird der Karneval weitergefeiert – zumindest vorerst. Allerdings geraten die Narren, die auch das neue Regime aufs Korn nehmen wollen, in Schwierigkeiten. So ergeht es dem Karnevalspräsidenten, dem Unternehmer Leo Statz, weil sein Karnevalslied „Duze, Duze, Duze mich" auch als Anspielung auf Mussolini, den „Duce", gesungen werden kann. Später bringt ihn seine offene Kritik an den Nazis sogar ums Leben: Er wird 1943 wegen „Zersetzungspropaganda" hingerichtet, weil er gegenüber schwer verwundeten Soldaten am Sinn des Kriegs gezweifelt hat. Andere Karnevalisten passen sich an die neue Ära an: 1937 lautet das Motto des Rosenmontagszugs zum Beispiel „lachendes Volk".

Ab 1940 gibt es wegen des Kriegs keinen Zug mehr, erst in der Nachkriegszeit kommt das Winterbrauchtum langsam wieder in Gang. 1950 gibt es wieder einen offiziellen Rosenmontagszug, den das wieder formierte Comitee Düsseldorfer Carneval (CC) organisiert.

Diese Jecken feiern 1935.
Einsenderin: Alice Mannhardt

Erster „Juxzug" nach dem Krieg

In der Nachkriegszeit haben die Menschen andere Sorgen als Karneval. Erst als die wirtschaftliche Lage sich wieder bessert, kommt die Lust am Feiern zurück. Dieses Bild entsteht 1949 beim ersten „Juxzug". Im Jahr danach richtet das wieder gegründete Carnevals-Comitee den ersten offiziellen Rosenmontagszug nach dem Krieg aus.

Einsender: Karl-Heinz Küpper

Großmutter in der Bütt

Die sehr im Karneval aktive Großmutter Maria Schuchardt Anfang der 1950er als „Kaltmamsell" in der Bütt bei den Damenprogrammen und beim Tanz. Gaststätte leider unbekannt.

Einsenderin: Renate Zappe

Der Zoch in Schwarz-Weiß

Schöne alte Bilder vom Rosenmontagszug in der Altstadt hat Ursula Sebastian eingeschickt. Und man sieht: Der Zoch hat sich im Grunde in den vergangenen 50 Jahren wenig verändert. Das untere Bild stammt vermutlich aus dem Jahr 1960, denn dort ist von einem „Gipfeltreffen" zu lesen. 1960 lautete das Karnevalsmotto „Das ist der Gipfel".

Einsenderin: Ursula Sebastian

Mit dem Gabelstapler beim Zoch

Mit Freude erinnert sich Einsenderin Ernestine Königshausen an die Zeit zurück, als sie Tanzmariechen war. 1967 war sie mit der neu gegründeten „KG Tills Freunde" beim Zoch dabei. Statt mit einem Karnevalswagen zogen die Neukarnevalisten mit einem Gabelstapler und zu Fuß mit. Der Freude tat das keinen Abbruch: „Es war wunderbar", erinnert sich Ernestine Königshausen. In bester Erinnerung hat sie auch den Dietrichkeller an der Duisburger Straße in Derendorf, wo viele Sitzungen stattfanden. „Schade, dass man so eine Lokalität nicht mehr hat", findet die Einsenderin.

Einsenderin: Ernestine Königshausen

Kinder in Kostümen

Diese typischen Kostüme, meist selbst angefertigt, gibt es auch noch heute: Rotkäppchen, Pirat und Cowboy – der sein Halstuch in diesem Fall mit einer leeren Streichholzschachtel festmacht.
Auch auf der anderen Aufnahme aus dem Jahr 1964 sind die Jungs entweder Cowboy oder Indianer. Für die Mädchen war es offenbar auch gängig, als „Frau Antje aus Holland" zu gehen – zu dieser Zeit war diese Käse-Werbung sprichwörtlich in aller Munde.

Einsender: Karl-Heinz Balkhausen

Karneval als Rotkäppchen

„1961 trage ich mein erstes Kostüm, Rotkäppchen", erinnert sich Annie Schneider zu diesem Bild, das auf der Königsallee, in Höhe der „Lichtburg", aufgenommen wurde. „Der Korb wurde später mein Korb für den Handarbeitsunterricht."

Einsenderin: Annie Schneider

Der Rhein und seine Brücken

Der Rhein ist der Mittelpunkt der Stadt und ein großer Anziehungspunkt für seine Bewohner. Die fotografieren ihren Fluss zu jeder Gelegenheit, in allen Jahreszeiten und aus jedem Blickwinkel. Eine besondere Faszination üben dabei die Brücken aus.

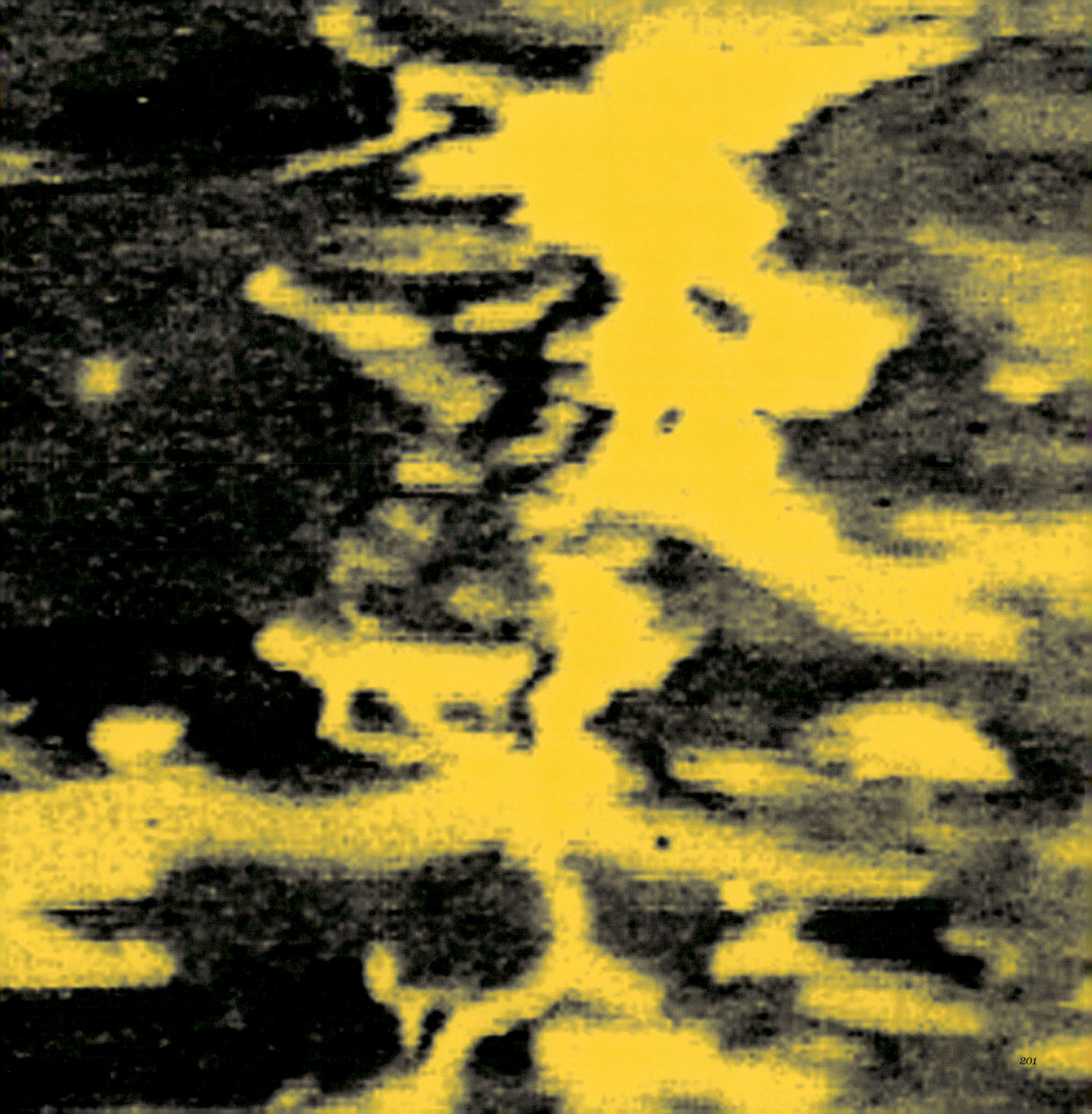

Der Rhein und seine Brücken

In einer Stadt, die am großen europäischen Strom, dem Rhein, liegt, hat sich die Faszination und die Verbundenheit mit dem Wasser seit Generationen besonders ausgeprägt. Hinzu kommen die für viele täglichen Wege hin und zurück über das Gewässer auf Brücken, die mit ihrer Architektur auch den Wandel der Stadtgeschichte über viele Jahrzehnte mitmachen und mit ihren äußeren Erscheinungsbildern die Blicke auf sich ziehen.

Kein Wunder also, wenn der Rhein und seine Brücken zu den Lieblingsmotiven der Düsseldorfer bis in unsere Tage hinein gehören – bei hohem und normalem Wasser, zu allen Jahreszeiten und mit längst verschwundenen und neu entstandenen Brücken.

In früheren Zeiten sind über dem Rhein die vielen dichten Rauchschwaden der Schlepper, Dampfschiffe und Raddampfer zu sehen.
Einsenderin: Ricarda Kempa

Die Skagerak-Brücke

Blick vom Schlossturm auf die Skagerak-Brücke mit einem kräftig dampfenden Ausflugs-Raddampfer. Auch heute noch hat man einen herrlichen Blick aus der oberen Café-Etage des Schlossturms, auch „Laterne" genannt, auf die Altstadt, den Rhein und Oberkassel.
Einsender: Klaus Bernd Faßbender

Der Blick vom Oberkasseler Rheinufer auf den Hochwasser führenden Rhein und auf die Oberkasseler Brücke („Skagerak-Brücke") in den 1930er-Jahren.
Einsenderin: Anneliese Wiszniewsky

Eisenbahnbrücke in Hamm

Die Hammer Eisenbahnbrücke im Jahr 1935 von Düsseldorf-Hamm aus gesehen. Sie wurde als erste feste Rheinbrücke in Düsseldorf von 1868 bis 1870 erbaut.
Einsender: Klaus Bernd Faßbender

Die Oberkasseler Brücke

Ein sensationelles Ereignis stellen der Abriss der alten Oberkasseler (Behelfs-)Brücke und der gleichzeitige Neubau einer Tragseilbrücke dar – und natürlich die große Verschiebung dieser neuen Brücke 1976 an die Stelle des Vorgängerbaus.
Einsender: Hartmut Bauer

„Das Foto zeigt 1955 meine Mutter (ganz rechts im weißen Kleid) mit ihrer (damals noch) kleinen Schwester Angelika und ihren Eltern Willi und Maria Dohmen", erzählt Einsender Marc Götzinger über dieses Bild, das 1955 auf der Oberkasseler Rheinwiese aufgenommen wurde. Im Hintergrund sieht man die alte Oberkasseler Brücke und einen Teil der alten Düsseldorfer „Skyline".

Für die Familie hat das Bild eine besondere Bedeutung. „Leider ist dieses das letzte komplette Familienfoto", erzählt Götzinger. Seine Großmutter Maria, die der Einsender nie kennenlernen durfte, verstarb nur wenige Monate nach dieser Aufnahme.
Einsender: Marc Götzinger

Ja, so geht man im Jahr 1931 auf Fahrradtour. Stolz präsentieren sich die vier Herren mit ihren Stahlrössern vor der Oberkasseler Brücke. Links im Hintergrund sieht man das Planetarium, heute Tonhalle.
Einsender: Martin Gensow

Die alte Südbrücke

Die alte Südbrücke (heute Kardinal-Frings-Brücke) im Bau, davor eine schöne Frau im Wind und das Ganze noch mit Treibeis auf dem Rhein ... auch ein „Fotoschätzchen", aufgenommen im Jahr 1929. Das „Model" ist die Mutter der Einsenderin Helga Betz, Bertie Wagener.
Einsenderin: Helga Betz

Einsenderin: Sabine Heydrich

Familie am Fähranleger

Ein beliebtes Ziel bei Ausflügen ist immer noch das Besteigen der Landestege verschiedener Schiffslinien und Fähren. Obwohl es verboten ist, wenn man nicht gerade das Wasserfahrzeug besteigt, sitzen Wasser- und Sonnenfreunde gerne auf den mit den Wellen wippenden Pontons und schauen dem Treiben auf der Wasseroberfläche zu. Diese Aufnahme der Familie („mit Papa, Opa und Oma") stammt aus dem Jahr 1961.

Badeausflug am Rhein

Ein unbeschwerter Badeausflug im Sommer 1948. Nicht nur die bunte Schar der Kinder und Jugendlichen ist auf den Bildern zu sehen, sondern auch die Oberkasseler (Behelfs-)Brücke und die damalige „Skyline" von Düsseldorf, die doch noch ganz anders aussieht als im 21. Jahrhundert.
Einsender: Martin Gensow

Bade- und Tagesausflug zum Rhein. Die ganze Familie, Zelte, Decken und Wasserspielzeug müssen mit. Eine herrliche Erfrischung in den Sommertagen des Jahres 1934.
Einsender: Peter-J. Küster

Hochwasserschlange mit Hochwasser

Die Hochwasserschlange von Richard Langer (Ausführung Gebr. Bach) aus dem Jahr 1929 am Robert-Lehr-Ufer steht 1970 selber im tiefen Wasser des Rheins. Das Stahl-Objekt erinnert an die Hochwasserschutzmaßnahmen anlässlich der Ausstellung „GeSoLei".
Einsenderin: Anneliese Wiszniewsky

Die Königsallee

Sehen und gesehen werden: Die Königsallee ist eine ganz besondere Attraktion in Düsseldorf. Schon seit mehr als 100 Jahren fasziniert die Prachtmeile in der Innenstadt ihre Besucher – und viele Fotografen.

Die Königsallee

Unterhaltung und Vergnügen auf der Königsallee sind eng verbunden mit dem wechselnden Charakter dieser Allee. Sie wird zunächst als Allee außerhalb der Stadt und Stadtbegrenzung geplant und dient zum Entfliehen aus der Enge der Innenstadt. Später wird sie Teil des Stadtzentrums. Die Allee mit dem Wassergraben wird in den Planungen 1801–1804 zu einem Teil der Straßen- und Grünanlagen auf den ehemaligen Festungswerken. Als erstes großes Vergnügen gilt damals wie heute noch das „Leute gucken", das Beobachten der Besucher und Reisenden an den Brücken und Zugängen über dem Stadtgraben. In einem „Wegweiser" Düsseldorfs von 1817 ist unter der Rubrik „Oeffentliche Promenaden und Vergnügungs-Oerter" auch aufgeführt: „Allee am Canal, jenseits der neuen Benrather Brücke". Hier wollte man schon früh sehen und gesehen werden.

Im Norden lockt der Hofgarten, auf dessen ehemaligem Gelände des Botanischen Gartens sich heute Parkhotel und Opernhaus befinden.

Seit mehr als 100 Jahren zieht der Kaufhof, früher Warenhaus Tietz, wie ein Magnet die Käuferscharen ins Haus. Zu diesen anziehenden Orten gesellt sich seit Herbst 2013 auf der ehemaligen Verkehrsanlage des Jan-Wellem-Platzes der „Kö-Bogen" des Stararchitekten Daniel Libeskind. Östlich der Allee streckt sich die Stadt ins Bergische Land, und via Hauptbahnhof mit Flughafenanbindung auch in die ganze Welt hinaus. Im Süden, wo auch die ersten Bahnhöfe standen, sind seit Jahrzehnten Theaterbühnen, Kinos und attraktive Einkaufsstraßen entstanden (und teilweise wieder vergangen). Es gibt auch heute noch Gründe, sich hier am Schnittpunkt des Düsseldorfer Stadtlebens zu treffen. Die Königsallee ist seit vielen Jahrzehnten ein Mittelpunkt der Stadt, aus einer kleinen Lebensader ist ein Lebensgefühl geworden, das Düsseldorf weit über die Stadtgrenzen hinaus bekannt gemacht hat. So manche eingereichten „Fotoschätze" erzählen von diesem Gefühl – und viele Adressen sind älteren Generationen noch sehr lebendig in Erinnerung.

Straßenbahnhaltestelle Graf-Adolf-Straße, Ecke Königsallee. Fröhliche und emsige Menschen nutzen die Bahnen, die teilweise mit drei Waggons unterwegs waren. Das Bild stammt aus den 1950er-Jahren, leider ist nicht bekannt, wer die schöne Dame mit Pelzkragen ist.   *Einsenderin: Ricarda Kempa*

Faszination Kö

Schöne Kö-Bilder hat uns Ursula Pollmanns geschickt. Der Schalenbrunnen von Leo Müsch (1882) aus Sandstein und Beton auf dem Corneliusplatz ist beliebter Treffpunkt oder Ruheplatz, bevor es zum Shoppen (oder vielleicht zur Arbeit?) in den Kaufhof an der Kö geht. Im Hintergrund des Fotos aus dem Jahr 1964 sieht man die Galerie Paffrath und daneben das beliebte Terrassen-Café Hemesath. Die wunderschönen Autos, die auf der Einkaufsstraße parken, sind immer gern fotografierte Blech-Models.

Einsenderin: Ursula Pollmanns

Knöllchen für Kölner Isetta

Vor dem Kaufhof an der Kö war man auch 1959 vor Knöllchen nicht sicher. Die Kölner Isetta bekam diesen unangenehmen Zettel von einem Polizisten mit Tropenhelm unter den Scheibenwischer.

In den 1950er- und 1960er-Jahren hatten Verkehrspolizisten solche „Tropenhelme" auf. Sie waren aus Kunststoff, also leichtem Material – und füllten wirklich die Funktion eines Tropenhelms aus. Mitunter mussten diese Verkehrspolizisten ja stundenlang in der Sonne stehen.

Polizeihistoriker Klaus Dönecke erinnert sich anlässlich des Fotos, dass solche verkehrsregelnden Polizisten zu Weihnachten oft mit Geschenken überhäuft wurden, die dann an den „Tonnen" befestigt wurden, auf denen die Polizisten standen, während sie den Verkehr regelten.

Daher gab es einen Extra-Erlass, der es den Uniformierten gestattete, diese Geschenke anzunehmen – nur mussten diese dann unter den Kollegen aufgeteilt werden.

Einsender: Heinz-H. Schmidt

Treffen mit dem Nikolaus

Auf Kinder übt der Weihnachtsschmuck auf der Kö seit jeher eine besondere Faszination aus. Das gilt für die aufwendig geschmückten Schaufenster – und natürlich für die Treffen mit dem Nikolaus. Einsender Heinz-Jürgen Neumann hat 1948 vor dem Kaufhof an der Kö einen Nikolaus getroffen und das Foto bis heute aufbewahrt.
Einsender: Heinz-Jürgen Neumann

Ein schönes Bild von zwei Jungs aus den 50er-Jahren, die am Kö-Graben stehen.
Einsender: Günther Machtan

Im August 1959 wird diese Sitzgruppe aufgenommen. Die „Boulevardmöbel" am Kö-Graben stammen noch aus der Französischen Woche.
Einsenderin: Annie Schneider

Mutter und Töchter sind herausgeputzt zum Einkaufen und Bummeln auf der Königsallee im Jahr 1951.
Einsenderin: Gisela Kellershohn

Fotonachweis

B
Frank Bachhausen *53*
Karl-Heinz Balkhausen *147, 200*
Hartmut Bauer *44, 135, 136-137, 138-139, 174-175, 208*
Klaus Baumann *20, 30, 31, 32, 33, 38, 50, 95, 127, 140*
Gerda Becker *182*
Thomas Bernhardt *153*
Helga Betz *210*
Helga Beyerlein *56, 60, 183, 184, 189*
Andreas Bretz *5*
Heinz Bröckerhoff *82, 141*
Ute Bruns *24, 25*

D
Rolf Dittmar *52, 54-55, 61, 188*

F
Klaus Bernd Faßbender *206, 207*
Fotolia *16-33, 42-43, 53, 58, 66-67, 78, 83, 88-95, 100-111, 116-145, 153, 154, 156-157*

G
Werner Gabriel *107*
Martin Gensow *209, 212, 213*
Annette Giesel *142, 185*
Rita Girps *172*
Matthias Goergens *17, 26, 27*
Marc Götzinger *208*
Rosemarie Gramberg *67*
Egon Grüters *108-109*

H
J. Von der Heiden *18*
Sabine Heydrich *181, 211*
Ulrike Holzmüller *44, 59, 94, 171, 173*
Manfred Hopp *133, 135*

I
iStockphoto *18-19, 25, 38-61, 66-83, 90-91, 130-161*

J
Jutta Junick *66*
Eva Junker *121, 179*

K
Gisela Kellershohn *223*
Ricarda Kempa *73, 127, 145, 204-205, 219*
Eva Klasen *46, 47, 124, 125, 158, 159*
Klaus-Richard Klischan *45*
Marlies Klöfkorn *102, 103*
Getrud Könnemann *157*
Ernestine Könighausen *199*
Inge Kornmeier *48, 49, 51, 57, 80-81, 83, 189*
Inge Krauss *144*
Gudrun Krüger *140*
Hermann Kück *72*
Karl-Heinz Küpper *110, 111, 112, 196*
Hans-Josef Kürten *16, 19, 96*
Peter-J. Küster *107, 214*

L
Margarete Liebl *74, 75, 88, 188*
Klaus Lückerath *128-129, 143*

M
Günther Machtans *146, 223*
Alice Mannhardt *22-23, 50, 106, 113, 193, 195*
Benedict de Maria *154-155*
Sylvia Meinhold *17, 39, 42, 118-119, 134*

N
Klaus G. Neuhaus *104*
Heinz-Jürgen Neumann *222*

P
Doris Penack *186-187*
Ursula Pollmanns *180, 220*

R
Angelica Rattenhuber *29*
Achim Rothe *174*

S
Inge Sauer *153, 161, 162, 163*
Annie Schneider *105, 132, 156, 201, 223*
Gertrud Schneider *58*
Hartmut Schmidt *89, 90, 91, 92-93, 130, 131, 132, 169, 171*
Heinz-H. Schmidt *221*
Brigitta Schmitz *49*
Ingrid Schmitz *173*
Claudia Schumacher *43, 120, 126*
Ursula Sebastian *198*
Manfred Sieberling *68-71, 73, 180*
Marianne Speckamp *17, 88, 194*
Stadtarchiv *14, 36, 64, 86, 100, 114, 148*

T
Wolfgang Teltz *118*
Leopold Thomas *122–123*
Herbert Trilling *40, 41*

U
Urban *4*

V
Helga Velten-Neferanovich *145*
Marianne Volke *21, 56, 61, 76, 77, 78, 79, 194*
Hildegard Vonnahme *97, 170*

W
Anneliese Wiszniewsky *207, 215*
Horst Wohlgemuth *107*
Ernst F. Wolter *152*

Z
Klaus Zappe *67*
Renate Zappe *107*

Heimat.Edition

Erzählt doch mal ...
44 kurze, sehr persönliche Geschichten unserer Leser mit 150 Bildern versammelt dieses Buch. Es sind Erinnerungen an eine Kindheit ohne Internet an Zeiten, in denen Lebensmittel knapp waren, an das erste Fahrrad und Bootsausflüge auf dem Rhein.

158 Seiten
19,95 €

Kinder in der Kunst
In der Kunstgeschichte wird das Kind als Miniatur-Erwachsener, junger Gott oder im Christentum als Jesus dargestellt. Das und viele weitere Einblicke und Hintergründe finden Sie in unserem Bildband: verständlich für Groß und Klein beschrieben.

163 Seiten
24,95 €

Die Gottsucher
Dieses Buch erzählt Geschichten von Menschen, die der Frage nach Gott nicht aus dem Weg gehen, sondern ihre Antworten entschieden leben.
Mit Exklusiv-Interview mit Dr. Heiner Geißler.

218 Seiten
24,95 €